AF284060

Auf den Straßen Berlins – weitere Geschichten aus dem Streifenwagen

Roman Osburg

Impressum

Bibliografische Information der Deutschen Nationalbibliothek:
Die Deutsche Nationalbibliothek verzeichnet diese Publikation in der Deutschen Nationalbibliografie; detaillierte bibliografische Daten sind im Internet über http://dnb.dnb.de abrufbar.

© 2021 Roman Osburg

Herstellung und Verlag: BoD – Books on Demand, Norderstedt

ISBN: 978-3-7526-8490-2

Inhalt

Vorwort

Nachdem mein erstes Buch „Der nächste Einsatz" fertiggestellt war, hörten die Geschichten nicht einfach auf. Mir war von Anfang an klar: Kommt Zeit, kommen Erlebnisse. Nicht jede Schicht war spektakulär, ich habe viele „normale" Einsätze erlebt. Für viele dieser Einsätze bin ich dankbar, leider sind die wenigsten davon niedergeschrieben. Eine angenehme Interaktion dauert selten lange an oder wäre aufregend genug, um in diesem Buch vorzukommen. Ich bin dennoch froh, dass es immer wieder gute Erlebnisse gibt, um die schrecklichen auszugleichen.

Machen wir uns nichts vor, es passieren grausame Dinge in dieser Welt und über einige werden Sie in diesem Buch lesen. Trotzdem habe ich meine Berufswahl nie bereut, es ist und bleibt mein persönlicher Traumberuf.

Wie schon im ersten Teil, soll auch in diesem Buch die Arbeit eines Polizeibeamten realitätsnah abgebildet werden. Wieder sollen die Einsätze so erzählt werden, als habe sie der Leser selbst miterlebt.

Auch dieses Mal wurden die Namen verändert, aber die Erlebnisse habe ich so aufgeschrieben, wie ich sie in Erinnerung habe. Es wird wieder persönlich, es ist meine Ansicht der Dinge, kein behördlich angeordneter Schreibstil.

Ich wurde oft gefragt, warum ich meine Einsätze niederzuschreiben begann. Es fing alles an als eine Art Tagebuch. Ich wollte das Geschehene verarbeiten und merkte beim Schreiben, dass meine Erlebnisse womöglich auch für andere Menschen interessant sein könnten. Außerdem wollte ich einen Einblick in den Polizeiberuf ermöglichen. Wer diesen Beruf nicht lebt, wird vielleicht nie erfahren, was es bedeutet, für „Recht und Ordnung" einzustehen.

Während ich schrieb hatte ich oft das Gefühl, es könnte selbstbezogen wirken, dass ich stets nur von mir und meinen Erlebnissen erzähle. Doch dann überlegte ich kurz und mir fiel auf, alles andere wäre nicht authentisch. Ich kann nur über meine Sicht sprechen, ich kann nur von meinen Gefühlen erzählen. Bitte vergessen Sie jedoch eines beim Lesen dieses Buches nie:

Polizeiarbeit ist Teamwork. Bereits in der Ausbildung wird ein großer Wert auf ein Miteinander gelegt, wir sollen mehr als nur Kollegen sein. Keinen der vorliegenden Einsätze hätte ich allein geschafft, wir sind eine große Familie.

Fall 1: Kidnapping auf offener Straße

Wir saßen im Aufenthaltsraum unseres Polizeiabschnittes. Dort haben wir einen Fernseher, Sitzmöglichkeiten und eine Mikrowelle. Die meisten meiner Kollegen und ich versuchten, unseren Aufenthalt in diesem Raum auf ein nötiges Minimum zu beschränken. Wie Sie sich jedoch sicher vorstellen können gab es auch bei uns Nachtschichten, in denen so gar nichts passieren wollte und dann waren ein paar Minuten mit geschlossenen Augenlidern auf der Couch sitzend angenehmer als stundenlanges Streifefahren.

Dieses Mal war es jedoch ein heller, warmer Tag, an dem noch nicht viel passiert war, als plötzlich ein Alarmsignal durch unseren Raum hallte. Für uns war dieses Signal immer der Moment, in dem wir wussten: Wir werden gebraucht.

Unmittelbar im Anschluss an die Tonfolge aus der Rufanlage folgten die Worte unseres Wachleiters: „Alle Wagen mit Eile, wir kriegen eine Meldung über eine Entführung eines jungen Mädchens!".

Es ist einer dieser Einsatzanlässe, die auch bei einem erfahrenen Kollegen zu einer erhöhten Adrenalinausschüttung führen. Wir setzten uns in unsere Streifenwagen, schalteten Blaulicht und Martinshorn ein und eilten davon. Die Meldungen über Funk überschlugen sich. Mehrere Streifenwagen von angrenzenden Abschnitten und mehrere zivile Kräfte meldeten sich ebenfalls für den Einsatz an. Bei herausragenden Einsatzanlässen war es immer so, dass andere Abschnitte Kräfte entsandten, ich habe mich nie allein gefühlt. Gesucht wurde ein schwarzer Benz mit einem Hamburger Kennzeichen, der mit überhöhter Geschwindigkeit versuchte, sich seinen Weg durch die vollen Straßen Berlins zu bahnen.

Ich dachte mir gleich, der oder die Täter würden versuchen, schnellstmöglich die Stadtautobahn zu erreichen. Erstens könnte er dort die Pferdestärke des Wagens besser ausnutzen und zweitens könnte es sich ja tatsächlich um ein Fahrzeug aus Hamburg halten, dann wäre die Stadtautobahn die richtige Richtung. Die erste Vermutung eines Polizisten, der von einem Fahrzeug mit Kennzeichen aus Hamburg hört, geht vermutlich in Richtung Mietwagen, da es bei der Mehrzahl an Fahrzeugen stimmt, doch ich hatte da so ein Gefühl und es sollte mich nicht täuschen…

Wir befuhren also die Strecke, die zur Autobahn führte, als wir das Fahrzeug erkannten. Solche Momente machen immer glücklich. Wie oft haben wir ein Fahrzeug im Bereich gesucht oder einen flüchtenden Täter nach einer Körperverletzung? Oft, doch in den seltensten Fällen hat man eine Feststellung, denn zu häufig liegt zwischen der Tat und der Alarmierung zu viel Zeit. Dieses Mal jedoch hatten wir das verdächtige Fahrzeug finden können. Mein Kollege setzte einen hektischen Funkspruch ab, während ich mich voll und ganz auf das Fahren konzentrierte.

Das Letzte, was ich wollte, war mit einem anderen PKW zu kollidieren, da wir dann die Verfolgung hätten abbrechen müssen. Ich kann nur für mich sprechen, aber es entsteht immer ein gewisses „Jagdfieber", wenn jemand versucht, uns als Polizei zu entkommen. Man muss lernen, diesem Gefühl zu widerstehen. Unbeteiligte dürfen durch die Verfolgung nicht gefährdet werden und manches Mal muss man einsehen, wenn man einfach das schwächere Gefährt hat. So war es mir zuvor schon einmal ergangen.

Meine Kollegen und ich hatten uns extra eine Schicht in ziviler Kleidung eintragen lassen. Obwohl dieses nicht zu meinen Lieblingsdiensten gehört, ab und zu ist es spannend, nicht gleich als Polizeibeamter erkannt zu werden. Aus unserem Fuhrpark hatten wir zunächst einen alten Opel bekommen, der seine besten Jahre schon hinter sich hatte. Wir wollten eine Jugendgruppe observieren und schauen, ob sie irgendwelche Dummheiten planten. Dieser Plan ging leider nicht auf. Unser Fahrzeug war derart defekt, dass es insbesondere beim langsamen Fahren ein Schleifgeräusch von sich gab.

Man stelle es sich vor, ein Opel durchfährt mehrfach dieselben Straßenzüge und drei grimmig schauende Typen, wir, gucken aus den Fenstern des Wagens. Jedes Mal, wenn wir eine Feststellung von Personen hatten, fuhr ich entsprechend langsamer und schon quietschte der Wagen vor sich hin. Es war peinlich und der polizeiliche Erfolg konnte nicht erreicht werden. Die Nacht war mittlerweile angebrochen und beim Fahrdienst konnten wir keinen Ersatz mehr erhalten. Wir fragten bei unseren Spezialkräften nach, ob sie noch ein Fahrzeug übrighätten, welches wir für die kommenden Stunden borgen könnten.

Glücklicherweise hatten sie noch ein Fahrzeug, einen Skoda Octavia. Dieser fühlte sich im Vergleich zur vorherigen Ente wie ein Rennwagen an. Zugegeben, ich hätte mich über ein höherwertiges Fahrzeug nicht beschwert, aber man nimmt halt, was man kriegt. Unsere Jugendgruppe war mittlerweile zu Bett gegangen, also wollten wir uns auf Rauschmittelfahrten konzentrieren. An einer auch um diese Nachtzeit belebten Straße fiel uns ein schwarzer BMW auf, der mehrfach zwischen den Spuren wechselte, teilweise schnitt er die anderen Verkehrsteilnehmer und fuhr generell sehr rücksichtslos.

Da er uns noch nicht erkennen konnte, entschlossen wir uns, das Fahrzeug verdeckt zu verfolgen, was sich als schwierig erwies. Der Fahrer beschleunigte auf rund 100 km/h, auf einer Straße, auf der 50 km/h Höchstgeschwindigkeit galt. Es half nichts, wir mussten uns zu erkennen geben. Anders, da war ich mir sicher, könnte ich unmöglich an ihm dranbleiben, ohne uns und andere zu gefährden.

Da ich mich auf die Verfolgung konzentrierte, brachte mein Kollege das mobile Blaulicht auf dem Fahrzeugdach an. Da dieses auf der Fahrerseite unter dem Sitz lag, war es für meinen Beifahrer eine schöne Herausforderung, es zu montieren, bei einem Tempo von knapp 100 km/h. Mit eingeschaltetem Horn folgten wir dem BMW. Wie es üblich ist, informierten wir umgehend die Leitstelle, denn Unterstützung war vonnöten.

Ich erkannte, dass der Fahrer, in einigem Abstand zu uns, die Stadtautobahn befuhr. Wir folgten und ich drückte das Gaspedal nur noch durch. Der BMW entfernte sich immer weiter von uns und ich erhöhte die Geschwindigkeit. Ich war mittlerweile bei 150 km/h angekommen und machte mir Gedanken über die Verfolgung als solche, aber auch über die Verantwortung für meine Kollegen, die ich allein trug. Ich sagte ihnen, dass ich nicht glaube, den Flüchtenden einholen zu können und wollte noch ein letztes Manöver versuchen, die Lichthupe.

Ich betätigte diese mehrfach und wollte gerade aufgeben, als an der Rückseite des BMW plötzlich die Bremslichter aufleuchteten. Ich war sicher, wir hätten ihn nie bekommen, hätte er sich nicht selbst dazu entschieden, anzuhalten. Mit dem ausrangierten Opel wäre ich vermutlich nicht einmal nahe genug an ihm geblieben, damit er das Fernlicht hätte erkennen können.

Er war ca. 600 Meter von uns entfernt und fuhr auf den Seitenstreifen. Dort kam er zum Stehen, wir dahinter und mein Kollege rannte zur Fahrertür. Mit gezogener Waffe schrie er den Täter an: „Was ist denn mit dir nicht in Ordnung?! Mitkommen, sofort!". Eine Kontrolle auf der Stadtautobahn ist auch um 02:00 Uhr nachts zu gefährlich, daher eskortierte uns eine Streife der Autobahnpolizei zur nächsten Tankstelle. Dort kontrollierten wir Deniz, den Fahrer des BMW.

Deniz war 22 Jahre alt und hatte seinen 15-jährigen Cousin mit an Bord. Nachdem wir einen Alkoholkonsum mittels eines Atemtests ausgeschlossen hatten, wurde ein Drogenschnelltest durchgeführt, auch dieser verlief negativ. Deniz war im Besitz einer Fahrerlaubnis und wurde nicht mittels Haftbefehls gesucht. Ich verstand nicht, warum er ein solches Fahrverhalten gezeigt hatte, es gab keinen logischen Grund, außer vielleicht, um sich und seinem Cousin zu beweisen, was für ein toller Fahrer er war.

Er selbst bestritt natürlich, so schnell gefahren zu sein und sagte ferner, er könne seinen Führerschein nicht verlieren, da er diesen für seinen Job brauche. Mein Mitleid hält sich in solchen Momenten gern in Grenzen, er selbst hatte die Ursache gesetzt, indem er deutlich zu schnell fuhr. Den Führerschein musste er für einige Zeit abgeben. Ob er dadurch seinen Job verlor, ist mir nicht bekannt. Wenn, ist er dafür verantwortlich, er raste ohne erkennbaren Grund.

Dieses Mal schien der Flüchtende jedoch einen weitaus besseren Grund zu haben, im Raume stand eine Entführung. Ein ziviles Fahrzeug der Spezialeinheiten überholte den schwarzen Benz und setzte sich so vor ihn, dass eine weitere

Flucht unmöglich war. Wir hielten direkt dahinter. Der Zivilkollege war mittlerweile an der Fahrertür angekommen und mit vorgehaltener Waffe forderte er den Fahrer auf, beide Hände auf das Lenkrad zu legen. Ich übernahm die Sicherung des restlichen Fahrzeugs und erkannte, dass sich insgesamt 6 Personen im Inneren des PKW befanden. Alle wurden aufgefordert, den Wagen zu verlassen und ihre Hände sichtbar zu halten.

Ich sah ein junges Mädchen, ihr Name war Elif und sie weinte bitterlich. Sofort hatte ich das Gefühl, ihr war Schreckliches widerfahren. Da wir alle mitten auf der Fahrbahn standen, entwickelte sich ein ordentliches Verkehrschaos, aber in einem solchen Moment ist das zweitrangig.

Ich befragte den Fahrer, Metin, was geschehen sei. Zuvor belehrte ich ihn, dass er nichts sagen müsse, wenn er sich selbst einer Straftat bezichtigen würde. Auch in hektischen, unübersichtlichen Situationen ist es immer wichtig, die Grundsätze des Strafverfahrens zu beachten.

Eine Aussage, die ohne Belehrung erfolgt kann womöglich nicht in das Verfahren eingebracht werden.

Metin, der 39 Jahre alt war, wollte aussagen und gab an, Elif sei seine Tochter. Sie habe das Elternhaus in Hamburg eigenmächtig verlassen und durch einen Bekannten hatte er die Information erhalten, dass sie sich zurzeit in Berlin aufhalte. Daher, so seine Aussage, habe er seine Tochter aufgesucht und sie gebeten, wieder nach Hause mitzukommen.

Elif war erst 13 Jahre alt, dieses Vorgehen wäre richtig, da sie noch nicht allein über ihren Aufenthalt bestimmen konnte. Metin war richtig wütend, dass mein Kollege in zivil seine Pistole auf ihn gerichtet hatte, er sei schließlich kein Schwerverbrecher und wolle nie wieder in den Lauf einer Waffe schauen. Auch sein Bruder und sein Cousin auf der Rückbank waren echauffiert.

Unterstützungskräfte erreichten den Ort und brachten die Zeugen mit, zwei Mitarbeiter der Stadtreinigung, die den Vorfall mitangesehen hatten. Glücklicherweise hatte einer der beiden sogar ein Handyvideo aufgenommen und wir schauten uns dieses an. Ich war schockiert, ob der Bilder, die sich uns boten.

Es sah aus wie eine filmreife Entführung aus Hollywood. Der Benz hielt neben Elif, die gerade spazieren war, die Tür ging auf und zwei Männer packten sie an ihren Armen und zogen sie in Richtung der Rückbank. Elif schrie, man solle sie loslassen und man tue ihr weh. Ein letzter Hilferuf wurde dadurch unterbrochen, dass die Fahrzeugtür zuging und Elif hinter den verdunkelten Scheiben verschwand. Dann fuhr der Benz mit durchdrehenden Reifen vom Ort.

Jeder, ich verspreche Ihnen, jeder, der dieses Video gesehen hätte, wäre ebenfalls mit gezogener Waffe auf den Wagen zugegangen. Das Video allein erhärtete den Verdacht auf eine Entführung. Dieses schilderte ich auch Metin und ich wollte keinerlei Beschwerden mehr hören. Er konnte froh sein, dass bei diesem Vorfall niemand verletzt wurde.

Die Diskrepanz zwischen dem, was vorgefallen war und dem, was strafrechtlich übrigblieb, war nahezu unerträglich. Ich war froh, dass ich noch kurz mit Elif sprechen konnte und sie beruhigte sich auch kurz danach. Sie bestätigte, dass sie eigenmächtig das Elternhaus verlassen hatte, da es Probleme innerhalb der Verwandtschaft gab.

Zur Klärung des ganzen Sachverhaltes wurde die gesamte Familie zum Polizeiabschnitt verbracht und es musste eine sozial adäquate Lösung gefunden werden. An dieser Lösungsfindung waren wir nicht mehr beteiligt, wir hatten den nächsten Einsatz zu fahren.

Fall 2: Vergewaltigung im Krankenbett

Es gibt im Alltag eines Polizeibeamten Einsätze, bei denen es schwerfällt, ruhig und besonnen zu bleiben. Fälle von Kindesmisshandlung oder Sexualstraftaten gehören für mich definitiv dazu. So sollte mich auch der folgende Einsatz auf eine harte Probe stellen.

Mein Kollege und ich wurden auf die Wache gerufen, es gab eine spezielle Einweisung in den nächsten Fall. Eine Krankenschwester hatte angerufen und mitgeteilt, eine ihrer Patientinnen sei unsittlich berührt worden. Wir fuhren also zum Krankenhaus und erreichten die Station. Anders als bei unseren üblichen Besuchen im Krankenhaus, waren wir nicht auf der Station, in der diejenigen lagen, die an psychischen Erkrankungen litten, sondern auf einer Station, auf der körperliche Einschränkungen die Ursache für den Aufenthalt waren.

Die diensthabende Krankenschwester erzählte uns von Claudia, einer 31 Jahre alten Frau, die mit multipler Sklerose diagnostiziert wurde. Sie habe seit Längerem regelmäßig Krampfanfälle und sei deshalb auf der Station. Vergangene Nacht habe Claudia erneut einen heftigen Anfall erlitten und dieser sei so stark gewesen, dass die Ärztin sie direkt behandeln wollte. Zu diesem Zwecke wurde Claudias Bett auf den Flur der Station geschoben. Als sie erneut krampfte, sei Manfred, ebenfalls Patient der Station und 91 Jahre alt, an ihr Bett herangetreten und habe sie beruhigt. Er habe ihre Hand gehalten und mit ruhiger Stimme gesagt: „Es wird alles wieder gut, mein Mädchen.". Das Pflegepersonal der Nachtschicht habe dann die Medikation vorbereitet und die Ärztin alarmiert. Zu diesem Zeitpunkt war Manfred mit Claudia allein auf dem Flur.

Da sich Claudia im Anschluss vertrauensvoll an eine Schwester wandte und ihr schilderte, was geschehen war, wurden wir hinzugerufen. Noch bevor ich Claudia befragen konnte, hatte ich ein schlechtes Gewissen. Üblicherweise versuchen wir als Polizei bei intimen Fällen einen geeigneten Ansprechpartner/Ansprechpartnerin für solche Situationen zu haben, aber da keine Kollegin verfügbar war, übernahm ich die Befragung und versuchte, so einfühlsam wie möglich zu sein.

Als ich Claudia das erste Mal sah, wurde sie in einem Rollstuhl in den Behandlungsraum des Stationsarztes gefahren. Die dort stattfindende Befragung zeichnete das Geschehene wie folgt nach.

Claudia, die trotz ihrer körperlichen Leiden keinerlei mentale Probleme zu haben schien, gab an, sich an den Krampfanfall zu erinnern. Ihr war auch bewusst, dass sie auf den Flur gebracht wurde. Manfred kannte sie schon von der Station und sie gab an, der 91-Jährige habe ihr zuvor mehrfach Komplimente gemacht. Sie hatte diese immer als „Schrulle" des alten Mannes abgetan.

Als Manfred in dieser Nacht jedoch an ihr Krankenbett kam, hielt er eine ihrer Hände in seiner und legte die andere Hand zunächst auf ihren Bauch. Während er beruhigend auf sie einredete, rutsche seine Hand immer weiter hinab. Ihre Decke hatte er zwischenzeitlich so positioniert, dass seine eigene Hand nicht mehr sichtbar war. Während das Pflegepersonal die notwenigen Schritte einleitete, schob der 91 Jahre alte Manfred zwei seiner Finger in die Scheide der an einem Krampfanfall leidenden Claudia. Sie sagte, sie bekam all dies mit, konnte sich aber nicht dagegen wehren. Diese Prozedur dauerte mehrere Minuten und Manfred sei immer gröber geworden. Die andere Hand, die zuvor auf Claudias Hand lag, legte er zwischenzeitlich auf ihre Brüste.

Mir wird heute noch richtig übel, wenn ich an diese Tat denke. Die unfassbare Perversität, mit der der Täter hier agierte, sich an einer absolut hilflosen Frau derart zu vergehen, das war zu viel. Ich versuchte dennoch, mich zu fassen, denn ich musste dem Täter gegenübertreten und ihm alle Rechte zugestehen, die ein Tatverdächtiger im Strafverfahren hat. Ich ging in sein Patientenzimmer und stellte mich zunächst vor. Nachdem ich ihm erklärt hatte, was im Raume stand und ihm mitteilte, er könne dazu schweigen, war er fassungslos.

Er habe „der Kleinen" lediglich helfen wollen, er habe ihre Hand gehalten und ihren Bauch gestreichelt. Regelmäßig habe er sie beruhigen wollen und habe mit ihr gesprochen: „Es wird alles gut, Liebes. Beruhige dich, Kleine.".

Nie im Traum sei es ihm in den Sinn gekommen, sie unsittlich zu berühren. Er habe sie nicht im Genitalbereich angefasst, er sei höchstens mal kurz abgerutscht, da sie krampfte. Für mich klang das alles zu unglaubwürdig. Manfred rechtfertigte sich wie ein kleines Kind, welches man beim Stehlen erwischt hatte. Doch ich allein konnte nicht entscheiden, wie es weitergehen sollte.

Ich telefonierte mit der Kriminalpolizei und man fragte mich, für wie wahrscheinlich ich den Fall einer Vergewaltigung halte. Ich hatte keine Zweifel, warum sollte Claudia, die im Rollstuhl sitzende Frau, eine solche Geschichte erfinden. So schrecklich die Geschichte auch klang, ich hielt sie für wahr. Nach meiner Überzeugung hatte eine Vergewaltigung im besonders schweren Fall stattgefunden. Tatverdächtig war der alte Mann, der den Krampfanfall der jungen Frau schamlos ausnutzte. Der Schichtleiter der Kripo konnte kein freies Team für die Bearbeitung finden, es hatte zu viele Straftaten in ihrer Zuständigkeit gegeben und so bat er mich, die weiteren Schritte einzuleiten.

Wir entnahmen Manfred eine DNS-Probe, in der Hoffnung, Reste seiner DNS in ihrer Scheide zu finden. Er konnte noch immer nicht fassen, was vor sich ging. Entweder war er ein guter Schauspieler oder er hatte vergessen, was er getan hatte, anders konnte ich mir seine Reaktion nicht erklären. Claudia musste in die Spezialklinik der Charité Berlin gebracht werden, dort wurde ein professioneller Abstrich genommen und eine

Untersuchung ihres Intimbereiches durchgeführt.

Wie mir die Kriminalpolizei zu einem späteren
Zeitpunkt mitteilte, waren tatsächlich Spuren gefunden worden, Manfred hatte sich an Claudia
vergangen. Ob und inwieweit er dafür zur Re-
chenschaft gezogen wird, ist schwierig zu prog-
nostizieren. Gerichte beziehen auch das Alter
des Täters in ihre Urteilsfindung mit ein, aber
ich hoffe, dass Manfred sich noch für seine Tat
verantworten muss. Ich habe für Vieles auf dieser Welt Verständnis, doch die Schilderungen
der vergewaltigten Claudia jagen mir noch heute
einen Schauer über den Rücken.

Fall 3: Der Mensch ist ein Tier

Es war eine Nachtschicht, in der wir bereits einige Einsätze erledigt hatten. In mir entstand bei solchen Schichten immer die Hoffnung, dass die fleißigsten Kollegen pünktlich Feierabend machen könnten, doch wie so oft, sollte es länger dauern. Für mich bekam die Redewendung „Kreuzberger Nächte sind lang" über die Jahre eine andere Bedeutung. Es ist keine Seltenheit für einen Polizisten Überstunden zu machen.

Es war ca. 04:00 Uhr morgens und wir hörten über Funk, dass im Bereich des Nachbarabschnitts eine häusliche Gewalt gemeldet wurde. Da bisher lediglich eine Streife diesem Einsatz zugwiesen war, wurden auch wir entsandt. Bei einem solchen Einsatzanlass sind mehr Kräfte immer besser.

Um diese Tageszeit sind die Straßen leer, das heißt Eilfahrten sind deutlich leichter, aber dennoch muss man besonders aufmerksam fahren. Die wenigen Verkehrsteilnehmer rechnen nachts nicht mit einem Streifenwagen, der mit Blaulicht durch die Straßen fährt.

Wir erreichten zügig den Einsatzort und standen vor einer geschlossenen Hauseingangstür. Ich wollte soeben am Klingeltableau nach dem Namen der Anruferin schauen, als aus dem offenstehenden Fenster im dritten Stock eine junge Frau um Hilfe schrie. Sie war ca. 30 Jahre alt, hatte schwarze Haare und hieß Janine. Sie rief zu uns herab: „Oh Gott, bitte kommen Sie schnell, dritter Stock, bei Schmidt! Es ist so schrecklich!".

Ich versuchte, sie schon von dort zu beruhigen und ich bat sie, die Tür zu öffnen. Als ich den Summer hörte, wusste ich, sie hatte mich verstanden. Die Tür ging auf und wir rannten in das dritte Obergeschoss. Janine hatte die Wohnungstür bereits geöffnet und erwartete uns sehnsüchtig, während sie heftig weinte. Ich fragte sie kurz, was geschehen war und sie gab an, ihre 17-jährige Freundin Jennifer und sie hätten vorgehabt mit Jan, einem 35-jährigen Mann, einen Dreier zu haben. Ganz plötzlich sei Jan wütend geworden, habe um sich geschlagen und die beiden angegriffen.

Ihre Stimme versagte, als sie weitere Schilderungen machen wollte. Ich fragte schnell noch, wo Jan jetzt sei und Janine zeigte auf die schmale Wendeltreppe, die ins vierte Stockwerk führte.

Erst jetzt erkannte ich, dass es sich um eine Loftwohnung handelte, die ich so nicht oft in Kreuzberg gesehen hatte. Ich ging auf die Wendeltreppe zu, meine Hand an meiner Waffe, als mir plötzlich Jennifer entgegeneilte. Jennifer war blond, sehr frivol bekleidet und hätte so in einem Etablissement im Rotlichtviertel arbeiten können, doch für mich sah sie aus fast wie ein Kind, so jung war sie.

Auch Jennifer weinte heftig und zeigte immer nur die Treppe hinauf. Ich fragte, ob es Jan gutgehe, da weinte sie noch mehr. „Es ist so schrecklich! Was ist nur passiert?!", so langsam machte ich mir Sorgen um das Leben des jungen Mannes. Anhand der wirklich emotionalen Reaktionen der beiden Frauen, fürchtete ich, sie hätten sich gegen Jans Angriffe verteidigt, was ihr gutes Recht gewesen war. In meinem Kopf zogen Bilder vorbei.

Meine Vorstellung war, dass Jan, aus welchen Gründen auch immer, komplett ausgerastet war und um sich geschlagen hatte, womöglich griff er die beiden Frauen an und diese wussten sich nicht zu helfen. Als er erneut auf eine von ihnen losgeht, greift sie zum nächstbesten Gegenstand und wehrt sich. Dabei schlägt sie ihm mit voller Wucht auf den Kopf und er sackt bewusstlos zusammen. Oder hatte eine der beiden ein Messer ergriffen, um sich zu wehren? Die Reaktionen der beiden Frauen waren so heftig, es musste etwas Furchtbares vorgefallen sein.

Was auch immer geschehen war, ich war mental bereit, einen Raum zu betreten, in dem vermutlich eine große Menge Blut lag und Jan mittendrin. Da ich auf der Treppe stehend keine Geräusche vernahm, ging ich davon aus, dass Jan nicht mehr lebte, oder schwer verletzt und bewusstlos war.

Ich hätte unmittelbar hochgehen können, doch da hörte ich weitere Fußschritte im Hausflur, der zweite Streifenwagen war eingetroffen. Ich musste nur noch wenige Sekunden warten, dann musste ich nicht allein in das Loft gehen. Das Stichwort „Eigensicherung" ist bei Polizeibeamten immer besonders wichtig. Ich kann niemandem helfen, wenn ich nicht darauf achte, selbst funktional zu bleiben. Es war sicherer, kurz innezuhalten.

Wäre Jan tatsächlich noch am Leben und womöglich verletzt, würde er mich vielleicht angreifen, sobald ich die Treppe hinaufsteigen würde. Mittlerweile zu dritt machten wir uns auf den Weg nach oben, während meine Kollegin

die beiden vollkommen aufgelösten Frauen beruhigte und befragte. Ich zog meine Waffe und
kündigte uns an: „Polizei!", erhielt aber keine
Antwort. Als ich auf der obersten Stufe der
Treppe angelangt war, sah ich Jan.

Er war blond, groß und sehr gut gebaut. Für
mich sah er aus wie einer dieser typischen blonden Widersacher von James Bond aus den alten
Tagen oder sogar ein wenig wie Daniel Craig in
„Casino Royale".

Er lag mit dem Bauch auf dem Boden, eine Blut-
lache konnte ich zum Glück nicht erkennen. Ich
vernahm ein heftiges Schnauben, Jan holte richtig tief Luft, als sei er soeben hunderte Meter ge-
rannt. Er war nicht richtig bei Bewusstsein, er
bemerkte uns nicht, doch sein Brustkorb hob
sich enorm, als er einatmete. Ganz plötzlich
zuckte sein Bein und wie aus einem Reflex, hob
er es an und ließ es wieder fallen. Sein Fuß fiel
auf den am Boden liegenden Fernsehschrank,
doch er schien keinen Schmerz zu verspüren. Jeder Mensch bei Bewusstsein hätte umgehend

versucht, eine solche Bewegung zu verhindern, doch Jan wiederholte diese noch einige Male. An seiner Nase konnte ich getrocknetes Blut erkennen, welches sich mit Nasensekret vermengt hatte.

Ich war mir sicher, die Erklärung gefunden zu haben: Rauschmittel. Wann immer jemand sich so verhielt, waren Betäubungsmittel nicht weit. Ich sah mich um und sah eine typische Braunglas-Flasche, wie sie in Apotheken üblich sind. Aufgrund eines Lehrgangs, den ich vor einiger Zeit besucht hatte, konnte ich einschätzen, welche Drogen Jan genommen haben musste: Gammahydroxybuttersäure (GHB), besser bekannt als „Liquid Ecstasy".

Die Wirkungen dieser Droge sind je nach Gemütszustand und Dosierung unterschiedlich. In geringen Dosen soll es euphorisierend und sexuell anregend wirken, wahrscheinlich der Zustand, den Jan erreichen wollte. Weitere Effekte können Verwirrtheit und Aggression entstehen lassen. In Kombination mit Alkohol – dieser war der Raumluft nach ebenfalls konsumiert worden – kann GHB zu Atemschwierigkeiten und Schläfrigkeit führen.

Was vor uns lag, war wohl eine Überdosis Rauschmittel. Ich war erleichtert. Jan war augenscheinlich nicht verletzt und er atmete derart stark, dass keine Wiederbelebungsmaßnahmen nötig waren. Meine Kollegen und ich wollten nicht an ihn herantreten, zu groß war der Respekt vor seiner athletischen Gestalt. Ich sah mich im Zimmer um und bemerkte diverse Fesselspielzeuge, Vibratoren und Kondome. Das Zimmer war sehr unordentlich, anhand der Schilderungen der Zeuginnen war es aber wahrscheinlich, dass Jan selbst einen Großteil dieser Unordnung herbeigeführt hatte, als er noch bei Bewusstsein war und um sich schlug.

Er hatte noch immer nicht bemerkt, dass die Polizei in seinem Zimmer war und er lag schnaubend auf dem Boden. Wäre er nun zu sich gekommen und hätte sein Gehirn einen Impuls zum Kämpfen gesandt, wäre er für uns nicht zu bändigen gewesen. Vor uns lag ein Tier, ein wilder, gut trainierter Mann, der aufgrund eines Rausches keinen Schmerz spürte.

Eine meiner Kolleginnen hielt ihr Pfefferspray in der Hand, der andere Kollege seinen Schlagstock und ich noch immer die Waffe. Ich sah sie an und sagte zu ihr: „Wenn er aufsteht und auf uns losgeht, dann hilft nur noch die Waffe.", sie gab mir Recht, aber sie wollte auf alles vorbereitet sein.

Stellen Sie sich den Moment bitte vor, auch solche Entscheidungen muss ein Polizist im Zweifel abwägen. Sie stehen da, in einem Raum mit dem Tier, sie können nicht einfach gehen, sie können es nicht einfach betäuben, es muss eine Lösung gefunden werden. Und während Sie all dieses überlegen, halten Sie eine geladene Waffe in der Hand, um sich und andere im Notfall verteidigen zu können. Was tun Sie?

Wir hatten mittlerweile einen Rettungswagen angefordert und als dieser eintraf, lag Jan noch immer auf dem Bauch, er schwitze mittlerweile sehr stark. Plötzlich zuckte er wieder und schlug erneut mit seinem Fuß auf den Schrank. Unmittelbar danach zog er beide Arme nach unten, neben seine Hüfte. Das war der Moment, in eine bessere Position hätten wir ihn kaum kriegen können. Ich zückte die Handfesseln und näherte mich ihm.

Um das ganze Unterfangen noch schwieriger zu machen, lag er genau so, dass ich über eine wackelige Matratze gehen musste, um zu seinen Armen zu gelangen. Mein Herz schlug stärker als zuvor, es musste einfach gelingen. Koordiniert traten wir zu dritt an Jan heran und ich legte den ersten Teil der Handschellen an. Jan reagierte zwar, war aber viel schläfriger, als wir gedacht hatten. Schnell war die Handfessel angelegt und wir konnten mit ihm sprechen. Er war wie weggetreten, verstand nicht, was geschehen war. Wir erklärten ihm, dass er eine Überdosis genommen habe und dass er um sich geschlagen hatte. Deshalb standen jetzt drei bewaffnete Polizeibeamte in seinem Schlafzimmer.

Er fing umgehend an zu jammern, die Handfessel sei so fest und sie tue ihm weh. Ich überprüfte diesen Vorwurf und sah, wie locker sie saß. Jan verspürte plötzlich Schmerzen, wo keine seien sollten. Die Rettungssanitäterin inspizierte Jan und gab ihre Einschätzung ab, Jan gehöre ins Krankenhaus. Wir mussten ihn also in den Rettungswagen bringen.

Zu dritt hoben wir ihn an und obwohl er sehr sportlich war, fühlte es sich an, als wöge er 200 Kilogramm. Immer wieder erschlafften seine Muskeln, wir mussten ihn auf seine Beine stemmen. Ich packte ihn an seiner Schulter und seinem Ellenbogen und hob ihn mit aller Kraft an. Mir lief der Schweiß, ich war besorgt, er würde plötzlich unkooperativ werden und um sich treten. Nach einer gefühlten Ewigkeit waren wir endlich unten angekommen…unten an der Wendeltreppe.

Es waren noch immer drei Stockwerke, die Jan getragen werden musste. Er wollte unbedingt etwas trinken, er verlangte nach Wasser. Wir sind keine Unmenschen, also ließ ich ihm ein Glas Wasser aus der Küche holen, während wir ihn noch immer festhielten. Sein ganzer Kopf zitterte dermaßen, dass er das Wasser nie in seinem Mund bekam, stattdessen benetzte er Teile seines Oberkörpers, wo sich das Wasser nun mit dem Schweiß auf seiner Haut vermengte.

Da er nicht ansatzweise selbst laufen konnte, hoben wir ihn in Richtung des Treppenhauses. Dort sackte Jan komplett zusammen, er musste sich auf die oberste Stufe setzen. Er jammerte dauerhaft und gab an, er könne sich nicht bewegen. Ich selbst schwitzte, meine Oberarmmuskeln vibrierten und ich wollte ihn keinen Meter mehr tragen. Dann betrat meine persönliche Heldin die Bühne: die Rettungssanitäterin.

Sie hatte genug von dem Schauspiel und übernahm Jans rechten Arm von meinem Kollegen, während ich weiter den linken festhielt. In bestem Befehlston kommandierte sie Jan: „So, aufstehen jetzt! Einen Fuß vor den anderen, nicht schlappmachen! Und weiter; und weiter!".

Zunächst dachte ich, dieses Unterfangen könne nicht gelingen, es funktioniert immer nur, wenn derjenige nicht will, nicht, wenn er nicht kann. Doch plötzlich setzte Jan einen Fuß vor den anderen und konnte beinahe stehen. Wir mussten ihn noch immer stützen, noch immer war große Anstrengung damit verbunden, aber durch die Aufforderungen der Sanitäterin ging alles viel einfacher.

An dieser Stelle ein großer Dank an alle Kollegen der Feuerwehr und der Rettungsdienste, wir alle leisten Dienst am Menschen und dieser ist nicht immer leicht.

Wir erreichten den Rettungswagen und Jan wurde ins Krankenhaus verbracht. Erst jetzt hatte ich die Gelegenheit mit meiner Kollegin zu sprechen, die die beiden Frauen beruhigt hatte. Während mir der Schweiß vom Gesicht tropfte, schilderte sie, was vorgefallen war.

Janine, Jennifer und Jan hatten sich auf einer Party in der Wohnung kennengelernt, Drogen und Alkohol konsumiert und wollten sich dann zu dritt lieben. Plötzlich riss das Kondom und Janine wollte, dass Jan die Unterbrechung nutzen würde und sich abduschen geht, da er stark schwitzte. Da habe er komplett die Fassung verloren und die beiden Frauen wie im Wahn angegriffen. Er schlug nach den beiden und biss in ihre Unterarme. Janine hatte er fast eine Fingerkuppe abgebissen, der Eindruck der Zähne war deutlich zu erkennen. Beide Frauen hatten Todesangst, doch dann sei Jan ohne ihr Zutun zusammengesackt und schnaubend liegen geblieben.

Der Mensch ist ein Tier.

Fall 4: Das blonde Mädchen und der böse Mann

Einsätze mit Beteiligung von Kindern sind immer etwas Sensibles. Wenn dann noch ein Kapitalverbrechen im Raum steht, wird es besonders heikel.

Meine Kollegin und ich fuhren durch unseren Bereich und wurden zu einem Hochhaus gerufen. Der Anlass war dramatisch: „Ein Kind wurde vermutlich entführt, ein Anrufer sah, wie ein kleines blondes Mädchen von einem ausländisch aussehenden Mann in ein Hochhaus gezerrt wurde. Das Kind soll hierbei geschrien haben.".

Wir erreichten den Einsatzort und wollten mit dem Anrufer sprechen, doch dieser war bereits weitergefahren, er hatte einen wichtigen Geschäftstermin. Manchmal hasse ich diese „Cor-

porate World", in der die Prioritätensetzung ver-
schoben scheint. Immerhin stand uns der Zeuge
telefonisch zur Verfügung.

Er wiederholte die Schilderungen und gab ferner
an, das Mädchen habe optisch nicht zu dem
Mann „gepasst", eine Verwandtschaft könne er
ausschließen. Er habe keine Waffe gesehen, aber
es sah für ihn wie eine Entführung aus. Selbst
einschreiten wollte der Zeuge nicht, ihm schien
die Angelegenheit zu gefährlich. Seine Beschreibung des Täters war leider sehr vage und passte
auf große Teile der Kreuzberger Bevölkerung.
Der Täter sei ca. 40 Jahre alt, habe schwarze
Haare gehabt, einen schwarzen Bart und sonst
keinerlei Auffälligkeiten. An die Bekleidung
konnte sich der Zeuge leider nicht mehr erinnern.

Sollten Sie einmal Zeuge einer Straftat werden,
versuchen Sie bitte all der Hektik zum Trotz, etwas Markantes am Täter in Erinnerung zu behalten. Auffallend weiße Schuhe, ein Logo auf ei-

nem T-Shirt, nicht immer muss es die klischee-
hafte Narbe unter dem Auge oder das hinkende
Bein sein. Die Polizei braucht gute Aussagen,
denn nur so kann im Zweifel der Täter überführt
werden.

Das Hochhaus hatte gut 30 Parteien, einen
Durchsuchungsbeschluss für alle Wohnungen zu
erwirken war unmöglich, obwohl der Verdacht
auf Kindesentführung vorlag. Wir überlegten,
wie wir an die Sache herangehen könnten und
gingen von Tür zu Tür. Vielleicht kannte jemand
ein blondes Mädchen, welches im Haus wohnte.
Oder einen Nachbarn, auf den die Beschreibung
passte. Wir fragten an mehreren Wohnungstüren
und hörten immer das Gleiche: „Wissen Sie, ich
kenne meine Nachbarn nicht wirklich.". Da war
sie wieder, die Anonymität der Großstadt.

Wir klingelten an der nächsten Tür und natürlich
schaute ich auch immer auf den Namen am
Klingelschild. Dieses Mal war es ein ausländi-
scher Nachname, doch es war nicht der erste gewesen. Eine Frau mit Kopftuch öffnete die Tür

und sah uns fragend an. Ich sagte ihr, warum wir im Haus umhergingen und wollte wissen, ob sie ein blondes Mädchen gesehen hatte, doch sie verneinte. Als ich fragte, ob sie allein in der Wohnung sei, überlegte sie kurz und sagte schließlich: „Ja, ich bin allein.".

Plötzlich hörte ich ein leises Weinen aus der Wohnung. Ich zog meine Waffe, schrie die Frau an, sie solle sich umdrehen und ihre Hände an die Wand legen. Ich stürmte ins Wohnzimmer und da stand die kleine Anna, ein 4-jähriges Mädchen mit blonden Haaren. Direkt neben ihr stand Halil, der Mann, auf den die Beschreibung passte. Ich schrie auch ihn an, er solle von der Kleinen wegtreten. Er gehorchte umgehend, signalisierte mir aber schon, es handele sich um ein großes Missverständnis.

Nachdem seine Frau und er auf der Couch Platz genommen hatten und meine Kollegin sich mit Anna in die Küche zurückgezogen hatte, erklärte Halil die Situation.

Eine seiner Bekannten, Sophie, musste für ein paar Tage ins Krankenhaus und da sie keine Verwandten hatte, wollte sie ihre Tochter Anna in Halils Obhut geben. Er hatte zugestimmt, war sich aber nicht sicher, ob die kleine Anna verstehen würde, dass er nun für einige Tage für sie sorgen würde. Die beiden kannten sich kaum und er hatte noch nie allein auf sie aufgepasst.

Als sie vor dem Hochhaus standen habe Anna plötzlich wegrennen wollen und er habe sie am Arm gepackt und in das Haus gezogen. Ich sagte ihm, wie das auf unseren Zeugen gewirkt hatte und er gab an, diese Außenwirkung nachvollziehen zu können. Wir ließen uns die Telefonnummer der Mutter geben und ich konnte mit ihr sprechen.

Sie bestätigte die Geschichte und gab an, sie hatte gehofft, Anna würde es besser verstehen. Ich fragte Sophie, in welchem Krankenhaus sie liege und sagte ihr, wir würden ihre Tochter zu ihr bringen. Einerseits wollte ich das für Anna tun, ich hatte das Gefühl, sie war furchtbar verängstigt, andererseits war es auch eine Rückversicherung.

Die Telefonnummer hatte mir schließlich Halil gegeben. Wer versichert mir denn, dass ich wirklich mit Annas Mutter gesprochen hatte und nicht mit irgendeiner Komplizin eines Entführers? Ja, ich traue nur den Fakten und Fakt war, ich wusste nicht, mit wem ich es zu tun hatte. Spätestens wenn wir Anna in das Patientenzimmer der Frau brachten, würde ich an ihrer Reaktion erkennen, ob es ihre Mutter war. Dennoch war ich guter Dinge, dass die Geschichte so stimmte.

Obwohl es per se richtig gewesen war, entschuldigte ich mich bei Halil und seiner Frau, mit gezogener Waffe in die Wohnung gekommen zu sein und bat um Verständnis, welches mir entgegengebracht wurde. Meine Kollegin, die selbst eine Tochter in Annas Alter hatte, konnte das

Mädchen beruhigen und sorgte bei ihr für gute Laune, weil sie sagte, Anna könne in unserem Streifenwagen mitfahren.

Nachdem wir sämtliche Personalien notiert hatten, rief ich bei meinem Wachleiter an und schilderte ihm, was wir vorhatten. Er war nicht überzeugt und meinte, es müsse reichen, wenn die Mutter telefonisch Kenntnis erhalte, um alles Weitere müsse sie sich kümmern. Er wollte, dass wir Anna zurücklassen. Glücklicherweise konnte ich ihn umstimmen, das oben genannte Argument, die ungeklärte Identität, war stark.

Wir fuhren zum Krankenhaus und Anna war richtig glücklich, sie wollte schon immer mal mit der Polizei mitfahren. Es war ein herzerwärmender Moment. Wir brachten Anna auf die Station ihrer Mutter und sie sprang sofort auf Sophies Bett und küsste sie mehrfach. „Mama, Mama, ich bin im Polizeiauto mitgefahren!", es tat so gut, das kleine Mädchen glücklich zu sehen.

Wir schilderten Sophie, wie es ihrer Tochter ergangen war. Halil schien zwar ein netter Mann zu sein, doch Anna kannte ihn zu wenig, um tagelang bei ihm zu bleiben. Sophie weinte, sie war verzweifelt, denn sie hatte keine andere Lösung. Während meine Kollegin Anna unterhielt, ging ich zu einer der Schwestern. Ich erklärte ihr, was vorgefallen war und fragte, ob Anna nicht vielleicht bei ihrer Mutter bleiben könnte.

Offiziell ging das nicht, das Kind war gesund und ein Krankenhausaufenthalt verursacht Kosten. Die Schwester und ich waren uns aber einig, nach diesem traumatischen Erlebnis brauchte auch Anna zunächst etwas Ruhe und so bekam sie ein Bett auf der Station. Es war das freie Bett im Zimmer ihrer Mutter, welches extra dicht an ihr Bett geschoben wurde.

Fall 5: Der ewige Schlaf

Oftmals teilen suizidgefährdete Menschen ihren nahen Angehörigen oder Freunden mit, dass ihr Leben nichts mehr wert sei oder dass sie nicht mehr die Kraft aufbringen können. So war es erst kürzlich zu einem Einsatz gekommen, der für zwei meiner Kollegen sehr belastend gewesen sein musste.

Aufgrund meiner Erfahrung wurde ich mittlerweile ab und zu auf der Wache unseres Abschnittes als stellvertretender Wachleiter eingesetzt. In dieser Position war ich zwar nicht mehr unmittelbar am Einsatzgeschehen beteiligt, trug aber zur Entscheidungsfindung bei und wurde über alle laufenden Ermittlungen informiert.

Es ging ein Anruf aus Hannover ein, ein älterer Mann machte sich Sorgen um seinen 39-jährigen Sohn Daniel, der in unserem Bereich wohnte. Dieser habe ihm eine Nachricht geschrieben, sein

Leben sei wertlos und er wolle es beenden. Der Streifenwagen wurde mit Eile zur Wohnanschrift geschickt und als die Kollegen eintrafen, standen sie vor der verschlossenen Wohnungstür. Die Geschehnisse, die dann folgten, habe ich selbst lediglich über Funk und Telefon erlebt, ich gebe daher auch die Schilderungen meiner Kollegen wieder.

Die beiden Beamten entschlossen sich, die Tür gewaltsam zu öffnen, nachdem auf Klopfen und Klingeln nicht reagiert wurde. Zwischenzeitlich hatte Daniels Vater erneut angerufen und gesagt, sein Sohn habe gesagt, er habe sich im Badezimmer eingeschlossen. Sein Vater machte sich schreckliche Sorgen, ich konnte es verstehen. Er war rund 300 km entfernt, wollte sich aber mit seiner Frau auf den Weg machen.

Wir informierten die Kollegen, dass sie Daniel vermutlich im Bad antreffen würden und die Rückmeldung erfolgte prompt. Aus dem verschlossenen Badezimmer lief Blut unter der Tür hinaus. Es muss ein furchtbarer Moment gewesen

sein. Ohne zu zögern, traten die beiden die Bade-
zimmertür auf und fanden Daniel schließlich in
seiner Badewanne liegend auf. Er hatte sich
beide Unterarme aufgeschnitten und war im Be-
griff zu verbluten. Der Notarzt war bereits alar-
miert, doch bis dieser eintraf, übernahmen die
Beamten die Wiederbelebung. Über Funk konn-
ten wir mithören, dass eine gehörige Menge an
Blut floss und dass es um Daniels Leben nicht
gutstand. Ich hörte all dieses nur über Funk und
doch ging es mir sehr nahe. Auch als Vorgesetz-
ter, mit dem Ohr am Funk und am Telefon, kann
ein solcher Einsatz belasten, ich fühlte mit mei-
nen beiden Kollegen mit.

Plötzlich klingelte das Telefon, Daniels Vater
war wieder in der Leitung. Voller Sorge um sei-
nen Sohn fragte er, ob es schon Neuigkeiten gebe.
Mir fiel die Antwort schwer und ich wich aus. Ich
sagte man habe seinen Sohn gefunden und man
kümmere sich um ihn. Um der Wahrheit ihren
Platz einzuräumen, gab ich zudem an, der Not-
arzt sei unterwegs. Daniels Vater verstand und
ich versicherte ihm, wir würden ihn auf dem Lau-
fenden halten, sollte sich etwas ändern.

Er und seine Frau gaben an, sich auf den Weg zu machen und ich sagte, sie sollen bitte dennoch besonnen fahren. Wenn die beiden bei dem Versuch, ihren sterbenden Sohn zu sehen, selbst in einem Unfall umkommen würden, wäre niemandem geholfen.

Nachdem Daniel dem Notarzt überstellt wurde, kamen die Kollegen blutbeschmiert auf den Abschnitt. Es sind zwei Polizisten, die ich als „hart im Nehmen" bezeichnen würde, doch beide sahen aus, als hätten sie ein Gespenst gesehen. Beide waren aschfahl und wirkten abwesend. Wir hielten ihnen den Rücken frei, weitere Einsätze sollten sie nicht fahren. Nachdem sich der erste Schock gelegt hatte, kümmerten sich die beiden um das Schreiben der Berichte. Sie hatten Daniels Leben gerettet, zumindest fürs Erste. Daniel sollte noch wenige Stunden auf der Intensivstation liegen, bevor er seinen Verletzungen erlag.

Solche Einsätze im Hinterkopf zu behalten, ist immer wichtig, um auf alles vorbereitet zu sein. Es war ein anderer Tag, ich saß im Streifenwagen und wir wurden zu einer Ankündigung einer Selbsttötung alarmiert. Paul hatte mit seiner ehemaligen Lebensgefährtin Regina telefoniert und diese habe ihm gesagt, sie wolle ihr Leben beenden. Im Anschluss an das Gespräch habe Regina noch eine Textnachricht verfasst und gesagt, sie habe genügend Schlafmittel da, um nie wieder aufzuwachen, sie wolle „für immer schlafen". Bei ihr handelte es sich um eine Seniorin, ein gewisser Medikamentenvorrat schien glaubwürdig. Suizid durch Medikamente kommt häufig vor, es ist relativ leicht, an eine tödliche Dosis zu gelangen.

Wir fuhren so schnell wir konnten und erreichten das mehrstöckige Gebäude inmitten des Berufsverkehrs. Paul selbst war nicht am Ort, er wohnte mittlerweile in einem ganz anderen Bezirk, doch er hatte uns gesagt, in welchem Stock seine Ex wohnte.

Wir rannten die Treppen hinauf und gelangten in den fünften Stock. Es ist eine alte Polizistenweisheit, alle Sachverhalte (laute Party, häusliche Gewalt, Suizidankündigung) finden immer im vierten Stockwerk oder darüber statt. Und nie gibt es einen Fahrstuhl. Und gibt es doch mal einen, ist er außer Betrieb. Schnaubend standen wir vor Reginas Wohnung, klingelten und klopften, doch niemand öffnete.

Die Ankündigung war eindeutig genug, wir mussten handeln. Mein Kollege trat die Tür ein und wir eilten in die Wohnung. Alle Zimmer waren leer. Besorgt sah ich mich um, in Angst, Regina könnte vom Balkon gesprungen sein, als sie unsere Anwesenheit bemerkt hatte. Ich schaute hinab und sah…nichts. Regina war nicht gesprungen, sie war gar nicht erst in der Wohnung. Eine Nachbarin hatte den Aufruhr mitbekommen und kam auf uns zu.

„Meine Nachbarin ist nicht da, sie hat eine Hüftoperation im Krankenhaus, was ist denn los?". Wir waren recht erstaunt.

Ich antwortete: „Wir haben den Hinweis bekommen, sie wolle sich womöglich das Leben nehmen, deshalb sind wir hier und mussten die Tür aufbrechen.".

„Das ist bestimmt das Werk ihres nichtsnutzigen Exfreundes. Dieser Paul macht nur Ärger!".

Es waren wertvolle Informationen, unser Anrufer hieß tatsächlich Paul und uns wurde bewusst, es lag ein Missbrauch von Notrufen vor. Wir erreichten Regina telefonisch im Krankenhaus und sie war bereits durch ihre Nachbarin im Bilde. Sie war wütend, sie verstand nicht, wie die Polizei einfach so ihre Wohnungstür aufbrechen konnte. Ich beruhigte sie und gab ihr zu verstehen, dass die Sorge um ein Menschenleben bei uns weitaus gewichtiger ist als eine beschädigte Wohnungstür.

Wir ließen einen Schlüsseldienst kommen und die Tür wurde repariert. Dieser vermeintliche Scherz, der überhaupt nicht lustig ist, wurde durch Paul in die Wege geleitet. Daher wurden

ihm die Kosten für all dieses und eine Strafan-
zeige postalisch zugestellt.

Fall 6: Klaus und sein Riegel

Ein Zeuge rief nachts um halb eins auf unserer Wache an und meldete, es habe eine Verkehrsunfallflucht stattgefunden. Ein augenscheinlich betrunkener Radfahrer habe torkelnd sein Rad auf dem Gehweg geschoben. Als der Täter sich entschloss, auf sein Fahrrad zu steigen und die Fahrbahn zu befahren, sei er gegen einen geparkten PKW gefallen. Dann habe er sich aufgerappelt und sei davongelaufen.

Wir eilten zum Tatort, genauer gesagt, in den Nahbereich, denn zwischen Tatzeit und Alarmierung liegen meist einige Minuten. Die Straße war lang, es gab wenig Möglichkeiten zum Abbiegen und der Täter sollte ja stark alkoholisiert gewesen sein. Und so trafen wir Klaus und sein Fahrrad auf dem Gehweg, er schwankte noch immer stark. Klaus war ca. 55 Jahre alt und sah aus, als gehöre er dem hiesigen Trinkermilieu an. Wir forderten ihn auf, stehen zu bleiben und er tat dieses umgehend. Noch bevor ich einen Satz sagte, erkannte ich den Zeugen, dieser lief unmittelbar in unsere Richtung.

„Das ist er! Sie haben den Richtigen!", ich hatte auch nicht wirklich daran gezweifelt. Es war weit und breit niemand anderes auf den Straßen, es war kurz vor eins in der Nacht und unter der Woche.

„Sie sind Tatverdächtiger eines unerlaubten Entfernens vom Unfallort, dieses stellt eine Straftat dar. Zu diesem Vorwurf können Sie sich äußern, Sie müssen es jedoch nicht.", das wäre die Belehrung, die rechtlich korrekt und hinreichend gewesen wäre. Wie ich mich kenne, werde ich dem Gegenüber angepasst eher Folgendes gesagt haben: „Sie sollen gegen ein Auto gefallen sein und dann versucht haben, zu verschwinden. Das ist eine Unfallflucht, also eine Straftat. Sie können sich äußern, müssen Sie aber nicht. Möchten Sie etwas sagen?".

Klaus war sich keiner Schuld bewusst: „Joa, ich bin da kurz mal ausgerutscht, aber einen Schaden hab' ich nicht verursacht, Ehrenwort.".

Mein Kollege ließ sich vom Zeugen den PKW zeigen und fotografierte den Schaden. Er kehrte nach kurzer Zeit zurück und zeigte uns das Foto. Es war ein langer Lackkratzer, zudem war auf der Motorhaube eine Delle erkennbar.

„Na gut, vielleicht hab' ich mich da kurz aufgestützt, kann ja mal passieren.", gab Klaus im Angesicht der Beweislage zu. Da er stark alkoholisiert war, boten wir ihm einen freiwilligen Atemalkoholtest an. Den genauen Wert weiß ich nicht mehr, es war aber deutlich mehr als 1 Promille. Er musste zu einer Blutentnahme mitgenommen werden.

Damit er transportsicher wird, musste er noch durchsucht werden. Ich ließ ihn sämtliche Gegenstände auf einem Mauersims ablegen und begann, ihn abzutasten. Im Bereich seiner Hüfte spürte ich einen größeren Block. „Was haben Sie da, ein

Handy?", ich war verwundert, hatte ich ihm doch extra gesagt, er solle alles ablegen. Noch merkwürdiger fand ich, dass sich der Block nicht in der Hosentasche seiner Jeans befand, sondern in seiner Unterhose. Ich griff hinein und staunte nicht schlecht. Ich zog einen ca. 100g schweren Riegel Haschisch aus seiner Buchse.

Erneut bekam Klaus einen Tatvorwurf, dieses Mal wegen des Besitzes von Betäubungsmitteln. Er war traurig und äußerte Folgendes:

„Ach menno, das ist mein Monatsvorrat und wir haben gerade mal den 3., das hat mich 400 Euro gekostet.".

Mein Kollege fragte nach: „Sie bekommen doch Hartz IV, wieviel steht Ihnen da im Monat zur Verfügung?".

„450 Euro.".

„Dann haben Sie nur noch 50 Euro für Essen und Trinken im Monat?".

„Aber nein…für Bier! Essen krieg' ich doch bei der Tafel.", er war ein humorvoller Typ.

Den Haschischriegel mussten wir beschlagnahmen und Klaus wurde transportiert. Zuvor wollte mein Kollege ihm noch Handfesseln anlegen. Er ließ Klaus sich umdrehen, als plötzlich ein komisches Geräusch erklang.

„Hast du gerade gefurzt?!", fragte mein Kollege und ich dachte, ich höre nicht recht. Klaus entschuldigte sich umgehend, aber aufhalten konnte er es nicht mehr, Der Gestank war wirklich bestialisch und mein Kollege tat mir regelrecht leid. Der „Stinker" musste nun noch ins Auto gesetzt werden und meine Schicht endete um 03:00 Uhr morgens.

Wie ich erst im nächsten Frühdienst erfuhr, hatten meine Kollegen noch in derselben Nacht erneut mit Klaus zu tun. Nach der Blutentnahme wurde er an der Gefangenensammelstelle entlassen und er schimpfte noch immer über die Beschlagnahme des Riegels.

Wütend lief er gegen 04:00 Uhr die Straße entlang und zückte seinen Schlüsselbund. Vollkommen willkürlich zerkratzte er sämtliche Fahrzeuge, die auf seinem Wege lagen. Bis es zu einer weiteren Festnahme durch meine Kollegen kam, hatte er rund 45 Sachbeschädigungen begangen. Er wurde wieder in die Zelle gesteckt und blieb dieses Mal etwas länger dort. Die schriftlichen Arbeiten dauerten aber wohl länger als sein gesamter Aufenthalt.

Fall 7: Berliner dürfen (nicht) alles

Es war eine Nachtschicht unter der Woche und eine Streife der Hundeführer war in unserem Bereich unterwegs, als es plötzlich zu einem Verkehrsunfall zwischen einem Fußgänger und einer Radfahrerin kam. Der Fußgänger war unachtsam und bei „rot" auf den Radweg getreten und wurde vom Rad erfasst. Er verletzte sich hierbei nicht, verspürte aber wohl vor allem aufgrund des Alkoholkonsums keine Schmerzen.

Die Radfahrerin, die 21-jährige Jessica, fiel vom Rad und zog sich mehrere Schürfwunden zu. Die Hundeführer hatten diesen Unfall mitbekommen und halfen unmittelbar der Verletzten. Ein Rettungswagen wurde gerufen und wir wurden ebenfalls alarmiert, der Verkehrsunfall musste aufgenommen werden. Noch bevor wir ankamen, hörten wir über Funk, dass die Kollegen in Schwierigkeiten waren, es hatte sich eine Menschenmenge gebildet.

Wir erreichten den Ort und ich sah, dass meine Kollegin von den Hundeführern einen großen, schweren, glatzköpfigen Mann in Handfesseln festhielt. Ich hielt ihn fest und fragte sie, was geschehen war. Sie schilderte mir, dass der vor ihr stehende Damian in die Maßnahme eingegriffen hätte. Vollkommen betrunken soll er die Kollegen angegangen sein: „Ich ficke eure Maßnahme! Ich ficke euch!".

Wie er überhaupt dazu kam, die „Maßnahme", wie er sie nannte, zu stören, ist mir komplett schleierhaft. Da passiert ein Verkehrsunfall mitten auf dem Radweg, die Kollegen helfen umgehend der Verletzten und dieser Typ hatte mit all dem nichts zu tun. Er kannte den Fußgänger nicht, die Radfahrerin ebenso wenig und die eingesetzten Beamten hatten ihm auch nichts getan.

Damian war ein kräftiger Typ, wir mussten ihn zu zweit festhalten und wir ließen ihn sich hinsetzen. Ich hörte seinen Begleiter Kevin rufen: „Lasst ihn in Ruhe! Was soll das alles?!".

Für einen kurzen Augenblick hatte ich vergessen, weswegen wir dort waren, doch dann sah ich den Krankenwagen aus dem Augenwinkel. Richtig, es war ein Verkehrsunfall aufzunehmen, doch solange die Bedingungen nicht sicher waren, konnte das nicht geschehen. Ich forderte weitere Unterstützungskräfte an, denn die Lage wurde langsam „polizeifeindlich". Immer mehr Passanten blieben stehen, vor allem junge, angetrunkene Männer.

Damian hatte sich auch noch nicht beruhigt. Immer wieder versuchte er, mit seinem Kopf gegen meine Hand und meinen Unterarm zu stoßen. Ich drückte mit meinem Daumen in den Zwischenraum seines Schlüsselbeins, der so entstehende Schmerzreiz sorgte dafür, dass er aufnahmefähig wurde. Ich sagte ihm, er solle jegliche Angriffe umgehend unterlassen, sonst würden wir ihn zu Boden bringen und fixieren. Kevin hatte das gehört und zeigte seinen Unmut. Es fehlte nicht viel und er hätte uns angreifen können. Erst als weitere Kräfte eintrafen, konnten wir uns um die Aufnahme des Verkehrsunfalles kümmern.

Kevin wurde zurückgehalten und Damian war auch unter Kontrolle.

Der am Unfall beteiligte Fußgänger war alkoholisiert und war überhaupt nicht an dem Geschehen interessiert. Er sagte, er wolle einfach nur gehen. Auf meine Frage, ob ihm die Radfahrerin nicht leidtun würde, gab er an, es sei ihm egal. Einen Atemalkoholtest lehnte er ab, dieser hätte nur zu seinem Vorteil sein können, da er sagte, er hätte rund zehn Flaschen Bier getrunken. Bei einem solchen Pegel könnte ein Richter die Schuld mindern, da der Trunkenbold ja kaum koordinieren konnte, was er tat. Die Radfahrerin war zum Glück nur leicht verletzt und wir konnten die Aufnahme abschließen.

Damian blieb jedoch noch in Handfesseln, noch immer hatten wir seine Personalien nicht abklären können, da er keinen Ausweis mitführte. Meine Kollegen hielten Kevin zurück, er kam mehrfach zu nahe. Auf die erneute Aufforderung erwiderte er: „Ich bin Berliner, ich darf stehen, wo ich will!".

Sie wissen das vermutlich, aber wenn eine polizeiliche Maßnahme im Gange ist, haben die Beamten das Recht, einen gewissen „Arbeitsbereich" freizuhalten, zur Not sogar mit Zwang. Immer wieder kommt es in Berlin zu Sachverhalten, in denen Menschen sich das Recht herausnehmen, Maßnahmen zu stören, Gefangene zu befreien oder die Beamten verbal anzugehen.

Ich selbst hatte einen solchen Moment erst kürzlich erlebt, ich unterzog einen Autofahrer einer Routineüberprüfung auf dem Gehweg, ich wollte einschätzen, ob er alkoholisiert war, da er zuvor über eine rote Ampel fuhr. Eine ältere Dame auf dem Rad hielt an und stellte sich unmittelbar neben den Autofahrer. Ich war verdutzt und fragte: „Kennen Sie den Mann?".

„Nein."

„Würden Sie dann bitte etwas Abstand einhalten, vielleicht möchte er nicht, dass jemand Fremdes direkt neben ihm steht, während er kontrolliert

wird?". Manchmal frage ich mich, ob ich zu freundlich bin.

„Ich möchte nur sicherstellen, dass alles mit rechten Dingen zugeht.", erwiderte die Frau und ich dachte, ich höre nicht recht.

„Dafür sind wir ja praktisch da, keine Sorge. Zumal, sie wissen doch nicht einmal worum es geht. Sie wissen nicht, ob es eine Verkehrskontrolle ist oder ob der Mann per Haftbefehl gesucht wird oder ob er uns einen Diebstahl anzeigen möchte.".

Jetzt ergriff der Autofahrer das Wort: „Sie können bitte weiterfahren, es ist alles in Ordnung.", und sie fuhr los. Er war übrigens alkoholisiert und hatte Cannabis konsumiert.

Kevin wurde weiterhin zurückgehalten. Er provozierte, wurde jedoch nicht straffällig. Immer wieder skandierte er: „Ich bin Bürger, ich darf hier stehen! Ich bin Berliner! Was sie mit meinem Bruder da machen, ist Bullshit!".

Natürlich hätte man für dieses Betiteln der Maßnahme eine Anzeige wegen einer Beleidigung fertigen können, doch das schien mir sinnlos. Die Staatsanwaltschaft hätte das Verfahren vermutlich bereits nach einer Anhörung eingestellt, Kevin war nicht der Hellste und es schien seine übliche Ausdrucksweise zu sein.

Einer der Hundeführer hatte genug gesehen, er ging an seinen Dienstwagen und holte „Bobby".

„Bobby" war ein belgischer Schäferhund und hatte einen Maulkorb um. Er war sehr aufgeregt, die umstehenden Menschen machten es ihm aber auch nicht leicht. Er bellte einige Male und plötzlich machten sämtliche umstehenden Passanten einen großen Schritt nach hinten. Dieser Hund, dieses besondere Einsatzmittel, hatte schon jetzt seinen Zweck erfüllt.

Eine Passantin mit Fahrrad hatte mitbekommen, dass ein Polizeieinsatz stattfand, es waren mittlerweile vier Einsatzwagen am Ort. Ihr Rad schiebend lief sie zügig auf den Kollegen und „Bobby" zu. Noch bevor sie etwas fragen konnte, sprang der Hund auf und wurde von seinem Halter zurückgezogen. Er bellte und die Dame wirkte erschrocken. Was hatte sie in dieser unübersichtlichen Lage von einem solchen Hund erwartet? Diese Tiere sind darauf trainiert, dass sich keine Personen auf sie zu bewegen.

Ich schrie sie an, der Kollege mit dem Diensthund sei ganz bestimmt nicht der richtige Ansprechpartner, sollte sie Fragen haben. Sie kam zu mir und fragte: „Ich möchte hier durch, geht das jetzt nicht?". Es war einer dieser Momente, wo ich am liebsten mit meiner flachen Hand auf meine Stirn schlagen wollte. Ich erklärte ihr, sie müsse die Ampel beachten, auf die andere Fahrbahnseite gehen und dann nach dem Passieren des Einsatzortes eine weitere Ampel zum Überqueren nutzen.

„Das heißt, ich muss jetzt einmal hier komplett außen rumgehen?". Es waren vielleicht 15 Meter Umweg, was ist nur mit manchen Leuten nicht in Ordnung?

Nachdem wir Damians Personalien gesichert hatten, konnten wir den Einsatzort endlich verlassen, die Unfallbeteiligten waren zu diesem Zeitpunkt schon lange weg, doch Kevin und der mittlerweile freie Damian stichelten verbal noch ein wenig länger. Wir gingen auf diese Provokationen nicht ein, zu ermüdend waren Gespräche mit halbstarken betrunkenen Menschen.

Fall 8: Der Holzschnitzer

Mein Kollege und ich befuhren einen verkehrs-
beruhigten Bereich, im Volksmund noch immer
als „Spielstraße" bekannt. Dort ist bekanntlich
Schrittgeschwindigkeit zu fahren, ein Tempo,
welches die Gerichte auf 7-10 km/h festgelegt
hatten.

Wir fuhren entsprechend langsam, als uns plötzlich ein BMW mit deutlich überhöhter Geschwindigkeit entgegenkam. Da ein Lieferwagen der
Deutschen Post auf der Fahrbahn parkte, riss der
Fahrer des BMW das Lenkrad hin und her und
fuhr an diesem Hindernis mit einem waghalsigen
Manöver vorbei.

Ich musste abbremsen und betätigte reflexartig
die Hupe. Mit meiner Hand signalisierte ich dem
Fahrer ein deutliches „Halt", doch seine Reaktion
war ein abfällig wirkendes Abwinken. Wir schalteten das Blaulicht ein und wendeten, der Fahrer

hatte nach rund 200 Metern sein Fahrzeug zum Stehen gebracht.

Der Fahrer, Ali, war von schmaler Statur und ca. 20 Jahre alt. Ich fragte ihn, ob er wisse, wie schnell er hier fahren dürfe und er sagte korrekterweise: „10 km/h.".

„Wissen Sie wie schnell Sie gerade gefahren sind?", fragte ich, ohne ihm einen Tatvorwurf zu machen.

„9 km/h.", er grinste breit, als er das sagte.

Wir hatten es also mit einem absoluten Schlaumeier zu tun, der dachte, er habe die Weisheit mit Löffeln gefressen. Ich forderte Ali auf, die nötigen Dokumente auszuhändigen, er konnte aber keine Zulassungsbescheinigung vorweisen. Ich erklärte ihm, dass dies eine Ordnungswidrigkeit darstelle und dass wir eine Anzeige diesbezüglich fertigen würden. Seine Reaktion war herablassend: „Du kannst schreiben, was du willst, es interessiert mich einen Scheiß!".

Mein Kollege intervenierte und belehrte Ali, dass das Duzen beleidigend wirke und er dieses zu unterlassen habe.

„Was willst DU mir damit sagen? Willst DU nicht, dass ich DICH DUZE?", er machte es uns wirklich einfach. Mein Kollege erklärte ihm nun, dass er Tatverdächtiger einer Beleidigung sei und sich nicht dazu äußern müsse. Auf einmal flippte Ali komplett aus. Er trat ganz dicht an meinen Kollegen heran, der Abstand ihrer Köpfe betrug nur noch wenige Zentimeter. Ali schrie ihn an: „Du bereust es jetzt noch nicht, aber du wirst es noch bereuen! Du weißt nicht, wen du hier vor dir hast! Das ist eine Warnung!".

Ich sah, dass seine Halsschlagader dermaßen hervortrat, dass sie gut erkennbar war. Zudem zitterte Alis Gesicht, man merkte ihm die Aufregung an. Ich glaube, ich spreche für viele Kollegen, wir lassen uns von so einer Aussage nicht beeindrucken und schon gar nicht beeinflussen.

Obwohl es noch nicht zu einer körperlichen Auseinandersetzung gekommen war, rief ich über Funk nach Unterstützung.

Zeitgleich mit weiteren Kollegen trafen auch mehrere von Alis Freunden am Ort ein und sahen sich den Verlauf der Kontrolle an.

Nachdem Ali sich halbwegs beruhigt hatte, fragte ich ihn, ob er nicht vielleicht Drogen konsumiert habe. Ich hatte diverse Lehrgänge besucht, ich fühlte mich auf dem Gebiet recht sicher. Es gab mehrere Indizien:

-seine aggressive Fahrweise mit deutlich überhöhter Geschwindigkeit

-sein mehr als selbstbewusstes Auftreten gegenüber der Polizei

-sein Wutanfall

-seine geröteten, wässrigen Augen

Ich erklärte ihm all das und er meckerte mich an. Er verbitte sich jegliche Kommentare über seine Augen, er leide an grauem Star und nehme täglich Augentropfen.

Ich wollte ihn einer freiwilligen Fahrtüchtigkeitsüberprüfung unterziehen, also zum Beispiel die Fingerspitzen an die Nase führen oder auf einer Linie gehen. Er verweigerte sämtliche Tests, was sein gutes Recht war. Auch einen Urintest werde er nicht durchführen, da er dieses nicht müsse. Er war gut informiert.

Ich erklärte ihm, dass mir die Anhaltspunkte ausreichten, um eine Blutentnahme anzuordnen, da ich an seiner Fahrtauglichkeit zweifelte. Ich sagte ihm ferner, dass ich persönlich glaube, er habe Kokain konsumiert, sein aggressives, selbstsicheres Auftreten ließ mich zu diesem Schluss kommen.

„Sie dürfen mir kein Blut abnehmen, das kann nur ein Richter anordnen.", sagte Ali, der plötzlich nicht mehr ganz so sicher war, ob er auch hier Recht hatte. Er rief seinen Anwalt an und auch dieser bestätigte ihm, dass ich als Polizeibeamter keine Blutentnahme anordnen könne. Er legte auf und ohne ihm eine Rechtsberatung zu erteilen, legte ich Ali nahe, sich einen anderen Anwalt zu suchen, da sich die Gesetzeslage bereits rund zwei Jahre zuvor geändert hatte. Es war bei begründetem Verdacht nicht nur möglich, sondern verpflichtend, dass die Anordnung durch einen Polizeibeamten erfolgte. Sollte er sich weigern, mit uns mitzukommen, würden wir Zwang anwenden, um ihn zur Blutentnahme zu bringen.

Ich habe nur eine Blutentnahme unter Zwang miterlebt, damals hockten 5 Kollegen auf einem renitenten Tatverdächtigen und der Arm wurde so fixiert, dass der Arzt Blut entnehmen konnte. Ich selbst würde eine Entnahme unter solchen Bedingungen gern vermeiden.

Ali rief erneut seinen Anwalt an und dieser hatte sich zwischenzeitlich informiert und teilte ihm das Ergebnis mit. Die Polizei dürfe ihn mitnehmen.

Bevor wir festgenommene Personen transportieren, durchsuchen wir sie nach gefährlichen Gegenständen. Ali hatte ein großes Messer mit feststehender Klinge dabei. Dieses hatte er nicht in einer Tasche, sondern vorn am Körper zwischen Pullover und Hose steckend. So war es versteckt und allzeit griffbereit und wir fragten ihn, warum er ein solches Messer mitführe.

„Ich schnitze damit Holz.", da war es wieder, das breite Grinsen. „Sie können es mir nicht wegnehmen, es hat eine Klingenlänge von 11 cm und fällt nicht unter das Waffengesetz.", dieser Satz kam wie auswendiggelernt daher. Auch hier war der Teufel im Detail versteckt. Strafrechtlich konnten wir das Messer zwar nicht einziehen, aber zur Gefahrenabwehr. Wenn so ein aggressiver junger Mann ein Messer griffbereit im Straßenverkehr mit sich führt, könnte man die Prognose stellen, er setze es womöglich nicht nur zum Schnitzen von Holz ein. Wir behielten das Messer ein, er bekam eine Quittung dafür.

Der Wagen wurde durch einen Freund von Ali übernommen und wir fuhren mit ihm zur Gefangenensammelstelle, wo die Blutentnahme durch einen Arzt durchgeführt wurde.

Auf dem Weg beruhigte sich Ali zusehends und gab an, er habe sich nur so verhalten, weil er es satthabe, ständig angehalten zu werden. Er habe einen Migrationshintergrund und werde deshalb überproportional häufig kontrolliert. Ohne sein Argument zu widerlegen, erklärte ich ihm, dass es am heutigen Tag lediglich seine Fahrweise war, die uns zu einer Kontrolle bewogen hatten. Sein Äußeres hatte mit der ganzen Situation nichts zu tun.

Bei der Gerichtsverhandlung erfuhr ich, dass in Alis Blut keine Spuren von Betäubungsmitteln gefunden wurden, es schien also ausschließlich sein Temperament gewesen zu sein. Der Richter stellte das Verfahren übrigens ein, ohne eine Aussage aufzunehmen, Ali sei schließlich bereits durch die Staatsanwaltschaft mündlich ermahnt worden und sein Fehlverhalten sei ja nicht so schlimm gewesen.

Fall 9: „Staying alive"

Eine Frau kam zu unserem Polizeiabschnitt und sagte folgendes: „Ich brauche Ihre Hilfe, draußen vor der Tür ist ein Mann mit einem Fahrrad, der sieht aus, als ginge es ihm nicht gut.". Meine Vorgesetzte machte sich auf den Weg durch unser Gebäude und suchte jemanden, der diesen Einsatz übernehmen könnte. Als sie meinen Kollegen informierte, blickte dieser aus dem Fenster und sah Winfried.

Winfried sah aus, als sei er 70 Jahre alt, ein Rentner, der das Leben in vollen Zügen genossen hatte. Nun hing er leblos über seinem Fahrrad und lehnte mit diesem an unseren Abschnittszaun. Es handelte sich also nicht um einen Obdachlosen, der nur einen Platz zum Schlafen gefunden hatte, sondern hier stand ein Leben auf dem Spiel.

Ohne eine Sekunde zu zögern, rannte mein Kollege den Flur hinab und aus dem Gebäude. Zeitgleich wurde ich alarmiert und machte mich ebenfalls auf den Weg.

Als ich draußen ankam, hatte mein Kollege Winfried bereits auf den Boden gelegt und er sprach ihn immer wieder an: „Hallo! Hören Sie mich? Sagen Sie doch etwas! Hallo?!".

Er überprüfte die Vitalfunktionen, doch Winfried atmete nicht und ein Puls war auch nicht auszumachen. Es ging um Leben und Tod. Während mein Kollege mit der Herzdruckmassage begann, rannte ich zu unserem Streifenwagen. Ich wollte eine Beatmungsmaske holen, ein Gerät, mit dem Atem gespendet werden kann, ohne dass eine Infektion über Körperflüssigkeiten möglich ist.

Als ich zu Winfried zurückkehrte hörte ich ein lautes Knacken. Mein Kollege hatte ihm wohl mehrere Rippen gebrochen. Ich versuchte, ihn zu beruhigen, solche Verletzungen entstehen bei einer Herzdruckmassage und sind keineswegs verwerflich. Sollte der Mann überleben, wäre er sicher nicht zu böse über eine Fraktur dieser Art.

Mein Kollege war erschüttert, er erwartete, dass Winfried jede Sekunde wieder zu sich kommen müsste. Ich löste ihn heraus, mehrere Minuten der Wiederbelebung sind unfassbar anstrengend. Ich übernahm und war positiv gestimmt, genau zwei Wochen zuvor hatte ich einen mehrtägigen Erste-Hilfe-Kurs besucht. Ich legte beide Handballen auf die Brust des leblosen Mannes und begann mit durchgestreckten Armen zu pumpen. Der Titel dieses Kapitels ist nicht zufällig gewählt, unsere Sanitäter brachten uns bei, bei Reanimationen den Takt des Liedes „Stayin alive" von den Bee Gee's zu halten. Alternativ soll es auch mit Helene Fischers „Atemlos" funktionieren, doch das schien mir pietätlos.

Da kniete ich nun vor einem leblosen Mann und versuchte unter höchster Anspannung und körperlicher Anstrengung Leben in ihn hineinzupumpen. Sein Herz musste schlagen, das Blut zirkulieren, dafür muss man ganz schön tief drücken. Dort wo sonst die Rippenbögen sind, fühlte ich eine immer weicher werdende Masse, die gebrochenen Rippen verloren an Struktur.

Während ich im Takt drückte, hörte ich immer mehr Sirenen und dachte bei mir: „Endlich kommen die Profis, der Rettungswagen, der Notarzt, endlich kommen sie bei uns an.".

Ich sollte mich irren, denn zunächst erreichten uns diverse Polizeikräfte, diese hatten über Funk von dem Fall gehört und wollten helfen, wo sie nur konnten. Es wurden Decken aus den Streifenwagen geholt, um die Szenerie abzuschotten, der Gehweg wurde gesperrt und die Zeugin wurde erneut befragt. All das geschah, ich bekam es aber kaum mit. Zu gebannt war ich auf den Vorgang, auf den Versuch der Lebensrettung und auf das hervorragende Teamwork, welches alle Beteiligten an den Tag legten.

Ich wurde abgelöst und meine Kollegin übernahm die Reanimation. Mein Blick war auf Winfried gerichtet, immer hoffend, er öffne die Augen oder atme selbstständig. Als ich wieder die Reanimation übernahm, erreichte uns endlich die Feuerwehr und ich dachte, man würde zu uns eilen und uns Winfried abnehmen. Weit gefehlt, die Kollegen der Feuerwehr agierten ruhig und besonnen und bauten zunächst alle nötigen Geräte auf und Medikation vor. Ich war langsam am Ende meiner Kräfte, aber das Adrenalin hat mich nichts davon spüren lassen.

Der Notarzt bereitete den Defibrillator vor, nachdem das EKG keinen lebensfähigen Puls angezeigt hatte. Ich pumpte weiter, von meinem Kurs wusste ich, dass so lange zu reanimieren ist, bis ein anderslautendes Kommando erfolgt. Es sollte zeitnah kommen: „Alle weg vom Patienten, ich schocke!".

In all der Aufregung hatte einer der Rettungssanitäter nicht realisiert, dass sein Fuß Winfrieds Schulter berührte. Hektisch schrie ich ihn an, er solle den Fuß beiseite nehmen. Ich weiß nicht, wie dramatisch es gewesen wäre, aber einen zweiten Reanimationsfall oder eine Herzrhythmusstörung wollte ich vermeiden.

Der Notarzt betätigte den großen roten Knopf und Winfrieds gesamter Körper zuckte einmal zusammen. Ich hatte so etwas bisher nur in Filmen gesehen und war kurz erstaunt.

„Weiter reanimieren!", mahnte mich der Notarzt an und ich näherte mich wieder dem Patienten. Nach kurzer Zeit wurde ich durch Sanitäter herausgelöst, von nun an war es ihr Patient. Und sie taten alles, was in ihrer Macht stand. Winfried wurde viermal geschockt, ihm wurden mehrere Zugänge gelegt und er erhielt Adrenalinspritzen. Ein Zugang am Bein wurde mit einer Art „Bohrer" gelegt, ein Gerät, welches ich noch nie gesehen hatte. Wie mit einem Akkuschrauber hielt der Sanitäter auf den Unterschenkel und betätigte den Hebel. Der Zugang im Bein wurde ebenfalls mit Adrenalin bedient.

Zwischenzeitlich lag ein Puls vor, doch das Glücksgefühl hielt nicht an, denn er verlor ihn umgehend wieder. Die Beatmung erfolgte jetzt mittels eines Beutels und plötzlich hörten wir ein Röcheln. Kam er jetzt wieder? Hatten wir es geschafft?

Nach weiterem Röcheln erkannte ich, dass es lediglich das Entweichen der Luft war, welches die Geräusche verursachte. Da war kein Leben, es war ein mechanischer Prozess. Ich war ernüchtert, wir hatten alles getan und dennoch kam er nicht wieder zurück.

Mein Wachleiter, der den Einsatz miterlebt hatte, versammelte uns. Inzwischen waren genug Kräfte von Einsatzhundertschaften am Ort und übernahmen die Absperrung. Wir sollten ins Dienstgebäude gehen und fünf Minuten Erholung finden. Ich ging auf die Wache und hielt es ca. zwei Minuten aus. Zu gespannt war ich, zu verbunden mit dem Leben dieses Mannes.

Ich ging wieder zum Einsatzort und sah wie Winfried auf einer Trage in den Krankenwagen gehoben wurde. Mein Wachleiter bestätigte mir meine Hoffnung: „Er lebt, erstmal. Sie bringen ihn ins Krankenhaus, auf die Intensivstation. Ihr alle habt richtig großartig gearbeitet, großes Lob von der Feuerwehr!".

Ich war erleichtert, es war uns gelungen, Winfried am Leben zu halten. Aus medizinischer Sicht war ich mir sicher, dass Hirnschäden oder Ähnliches eingetreten sein müssten, da sein Gehirn unterversorgt war, doch das war unvermeidbar.

Am folgenden Tag zeigte mir mein Körper dann auch sehr deutlich, was ich „geleistet" hatte. Ich hatte Muskelkater in allen Muskelgruppen und fühlte mich extrem verspannt. Zudem hatte ich schlecht geschlafen und von der Wiederbelebung geträumt.

Mein Kollege, der die Reanimation eingeleitet hatte, war die folgenden Tage sichtlich aufgelöst. Er hatte viel Emotion in den Fall gelegt, ein Gefühl, welches ich sehr gut nachempfinden konnte. Ich war froh, dass er vermehrt im Krankenhaus anrief und nach Winfried fragte. Über zehn Tage war die Antwort dieselbe, er lebe, sei

aber in einem Koma und habe schwere Hirnschäden erlitten. Im Anschluss wurde er für tot
erklärt und konnte seinen Frieden finden. Wie
ich erst deutlich später erfuhr, war Winfried bereits 86 Jahre alt, er hatte sich wirklich gut gehalten. Nun weilte er nicht mehr unter uns, aber
wir hatten alles getan, was wir konnten.

Da eine Lebensrettung noch immer als besonde-
rer Einsatz angesehen wird, erhielten die am
Einsatz beteiligten Kräfte alle eine Ehrung bei
unserem Direktionsleiter. Obwohl ich unser
Handeln als selbstverständlich bezeichnen
möchte, es tat wirklich gut, einen offiziellen
„Dank" zu erhalten, denn Dank und Anerken-
nung sind in diesem Beruf rar.

Fall 10: Déjà vu

Es war eine Nachtschicht, wir fuhren Streife und hörten den Funkspruch „Verdacht Einbruch in Wohnung, gegenwärtig". Der Anrufer hatte frische Einbruchspuren an einer Wohnung im zweiten Obergeschoss festgestellt und wusste nicht, ob der Täter sich noch in der Wohnung befindet. In einer solchen Situation ist es stets sicherer, die Polizei zu rufen und sich von der Wohnung fernzuhalten. Sollte tatsächlich ein Täter im Objekt sein, ist die Gefahr zu groß, er wende Gewalt an.

Wir waren in unmittelbarer Nähe, ein Umstand, der mich glücklich machte. Bei solchen Einsatzanlässen kann es aus taktischen Gründen notwendig sein, auf das Martinshorn zu verzichten, um den Täter nicht vorzuwarnen.

An dieser Stelle eine Bitte für das tägliche Leben. Obwohl man rechtlich nur verpflichtet ist, „freie

Bahn" zu schaffen, wenn die Polizei mit Martinshorn und Blaulicht ankommt, bitte ich um Ihre Mithilfe.

Seien sie wachsam, auch wenn ein Streifenwagen nur das Blaulicht verwendet. Es kann genauso wichtig sein, dass wir schnellstmöglich den Einsatzort erreichen. Nicht immer wollen oder können wir unsere Anfahrt dem Täter mitteilen. Besonders zur Nachtzeit hört man das Martinshorn über weite Strecken. Im vorliegenden Fall dauerte es wie gesagt glücklicherweise nicht lange, bis wir am Ort waren und wir stiegen aus dem Fahrzeug.

Der Anrufer, Vladislav, betrat mit uns den Hausflur und gab uns die entsprechenden Informationen, um welche Wohnung es sich handele. Mein Kollege bat ihn, unten im Hausflur zu warten, es könnte gefährlich werden. Vladislav bejahte, machte aber doch mehrere Stufen gut. Ich

streckte meinen Arm aus und wiederholte die An-
weisung, er solle unten warten. Er nickte, sagte
„ja" und begann erneut, die Treppen hochzulau-
fen. Ich wurde wütend, meine Geduld hält sich in
solchen Momenten in Grenzen. Mit beiden Armen packte ich ihn am Oberkörper und drückte
ihn die vier Treppenstufen hinab, damit er wieder
im Erdgeschoss ankam. Wenn Leute unseren Job
machen wollen, dann sollen sie ihn ergreifen, sich
ausbilden lassen und dann mitmachen.

Wir gelangten zur beschriebenen Wohnung und
die Wohnungstür war verschlossen. Es war ein
Altbau, die Tür wies Altschäden auf, die von Ein-
bruchsversuchen der letzten Jahre gewesen sein
könnten. Auf eine frische Tat wies nichts hin, was
uns stutzig machte. Auf Klingeln wurde uns die
Tür geöffnet und vor uns stand Piotr. Ich sah ihn
an und hatte umgehend das Gefühl, ihn zu kennen. Mir dämmerte schnell, warum.

*Knapp ein Jahr zuvor war ich an derselben Ad-
resse, es ging um eine häusliche Gewalt bei einem homosexuellen Pärchen. Damals betraten*

wir die Wohnung von Piotr und Vladislav. Die beiden Streithähne hatten sich mittlerweile beruhigt, es war zu keiner körperlichen Auseinandersetzung gekommen. Wir trennten beide voneinander und hörten uns ihre Situation an. Beide hatten genug, beide wollten den anderen nicht mehr sehen.

Das Schlafzimmer, in dem ich mich aufhielt, war gesäumt von Sexartikeln, eine Liebesschaukel war an der Decke angebracht und ein verbotenes Einhandmesser lag auf dem Schuhschrank. Ich nahm es sofort an mich, ich wollte eine Benutzung verhindern.

Der Fall war nicht trivial, da beide an dieser Anschrift wohnten. Da es zu keiner Gewalttat gekommen war, konnten wir auch niemanden der Wohnung verweisen, im Falle einer Gefahrenprognose hätten wir nicht einfach einen von beiden entfernen können. So blieb nichts übrig, als beiden ins Gewissen zu reden und um eine freiwillige Lösung zu bitten. Piotr reagierte mit viel

Unverständnis, er gab an, Vladislav sei der Übel-täter und er glaube, dass er weitere Dummheiten begehen werde. Da uns rechtlich die Hände ge-bunden waren, verließen wir die Wohnung und schrieben einen Bericht. Bezüglich des verbote-nen Messers gaben beide an, es gehöre dem an-deren, daher schrieb ich eine Anzeige mit den beiden als Tatverdächtigen.

In der folgenden Schicht erfuhren wir, dass Vla-dislav einen Tag später die gesamte Wohnung zerlegt hatte, unsere Kollegen hatten den Fall aufgenommen. Dieses Mal hatte es sich um häus-liche Gewalt gehandelt, er wurde der Wohnung verwiesen und durfte so schnell nicht wiederkeh-ren.

Ich weiß nicht, wieso mir der Fall nicht unmittel-bar einfiel, als ich die Adresse des vermeintlichen Einbruchs hörte. Ich habe so viele Einsätze in meinem Abschnittsbereich erlebt, da häufen sich auch die exakten Anschriften mehrfach. Vladis-lav selbst hatte ich nicht wiedererkennen können, er trug mittlerweile einen Vollbart und seine Frisur war ganz anders. Doch Piotr sah noch immer aus wie damals und so konnte ich mir vorstellen, weswegen wir am Ort waren.

Vladislav war uns mittlerweile hinterhergelaufen. Zwischen dem ersten und zweiten Stock stehend fragte er ob alles in Ordnung sei und ich lief auf ihn zu. Erneut ergriff ich ihn und drückte ihn im Hausflur gegen eine Fensterbank: „Hinsetzen! Ausweis her! Sie sind Tatverdächtiger zu einem Missbrauch von Notrufen!", ich war wirklich wütend. Wir riskieren bei jeder Eilfahrt unser Leben und das sämtlicher Verkehrsteilnehmer und dieser Typ hatte keine bessere Chance erkannt, seinen Ex erneut sehen zu können. Er hatte die Polizei benutzt, um mitten in der Nacht mit seinem ehemaligen Lebensgefährten sprechen zu können. Bei einer Abfrage erfuhren wir, dass Vladislav zwischenzeitlich wegen Stalkings angefallen war, auch dieser Versuch wurde später hinzugenommen.

Er flüchtete sich in Ausreden, er habe sich Sorgen gemacht und er wolle nur sichergehen, dass es Piotr gut gehe. Wir erteilten ihm einen Platzverweis und ich machte ihm deutlich, er solle das entsprechende Wohnhaus nicht erneut betreten. Wir wollten kein weiteres Mal zu dieser Örtlichkeit gerufen werden.

Das Thema falsch abgesetzter Notrufe begleitet meinen Polizeialltag seit ich angefangen habe. Wenn der Nachbar tagsüber grillt gibt es das Ordnungsamt, wenn eine Baustelle nicht richtig aufgestellt ist kann man sich an den Bauleiter wenden.

Die Polizei ist „Freund und Helfer", nicht „Mädchen für Alles".

Fall 11: Zur rechten Zeit am rechten Ort

Normalerweise haben Polizeibeamte einen klar definierten Arbeitsbereich. Dieser wird je nach Bundesland „Abschnitt", „Inspektion" oder auch „Revier" genannt, meint aber immer dasselbe. Ein örtlich begrenztes Gebiet, in dem die Kollegen ihren Dienst versehen. Wir verlassen unsere Abschnittsgrenzen ausgesprochen selten, dafür gibt es kaum die Notwendigkeit.

Dieses Mal hatten mein Kollege und ich einen guten Grund. Er hatte sich ein Antibiotikum bestellen müssen, dieses wurde in eine Apotheke geliefert, die außerhalb unseres Bereiches lag. Er musste dieses Medikament zeitnah einnehmen, doch ein Frühdienst hätte das verhindert. Daher beschlossen wir, kurz zu der besagten Apotheke zu fahren. Auf dem Weg dorthin und bereits weit außerhalb unseres Bereiches, fuhren zwei Streifenwagen mit Blaulicht an den gegenüberliegenden Fahrbahnrand und die Kollegen stiegen aus. Alle vier hatten ihre Waffe gezückt und duckten sich hinter ihren Fahrzeugen. Mein Kollege sah mich verwundert an: „Was ist denn hier los? Ein Banküberfall?".

In der Tat war an der Örtlichkeit eine Bankfiliale, also war meine Antwort ebenso perplex: „Ich glaube ja.".

Wir wussten, wir mussten helfen, wir wollten helfen und so stiegen wir aus und teilten unseren Kollegen mit, dass wir zwar nicht aus ihrem Bereich wären, wir aber zur Unterstützung da sind. Mit gezogenen Waffen verschafften wir uns einen Überblick in der unübersichtlichen Lage.

In einer Gasse, die zum Hinterhof der Bank führte, brannte ein Baustellenfahrzeug. Unmittelbar daneben stand ein Fahrzeug der Sicherheitsfirma der Bank, welches schwer beschädigt war. Es hatte ausgesehen, als sei eine Bombe hochgegangen. Die Glasscheibe der Bank war herausgebrochen und das zugehörige Gitter lag auf dem Boden. Einer der ersten Kollegen vor Ort rannte auf uns zu und schrie: „Einer der Sicherheitsmänner wurde angeschossen, wir brauchen hier einen Notarzt!". Einen solchen Einsatz hatte ich noch nicht erlebt.

Schusswaffen sind bei uns nicht so weit verbreitet, einen bewaffneten Banküberfall hatte ich noch nie bearbeitet und doch fühlte ich mich nicht unsicher, sondern aufgeregt. Wir sicherten den Bereich, immer auf der Hut. Die Täter schienen nicht mehr am Ort zu sein, doch wir mussten Zeugen befragen, um sicher zu gehen.

Die Zeugen schilderten alle dasselbe. Ein lauter Knall, mehrere Schüsse und eine Art Explosion. Eine Frau gab an, sie habe mehrere Männer mit schwarzen Masken gesehen. Sie sei dann fluchtartig in ihren Hausflur zurückgerannt; zum Glück. Die Feuerwehr erreichte den Einsatzort und der verletzte Sicherheitsmitarbeiter wurde versorgt. Es schien, als habe er Glück gehabt. Er trug eine schusssichere Weste, diese hatte einen Einschuss im Brustbereich komplett verhindert, ein zweites Geschoss hatte womöglich seinen seitlichen Bauchbereich getroffen. Er sah aus, als sei er hart im Nehmen, vielleicht stand er aber auch einfach unter Schock. Seine Befragung musste warten, doch ein Kollege hatte zwischenzeitlich den Revolver des Sicherheitsmitarbeiters an sich genommen. Er öffnete die Trommel und sah, dass zwei der sechs Patronen abgefeuert wurden, es waren nur noch leere Hülsen. Der Mitarbeiter musste also ebenfalls Schüsse abgegeben haben.

Bevor die Feuerwehr sich um das nur noch qualmende Fahrzeug kümmern konnte, sollte sichergestellt werden, dass die Täter nicht in der Bank waren. Üblicherweise wäre diese Situation eine für das SEK gewesen.

Bewaffnete Männer, Schussabgaben, das ist alles ein wenig gefährlicher als die Norm, aber der Einsatzleiter wollte keine weitere Zeit verstreichen lassen. Wir bildeten ein Notzugriffsteam und gingen zu viert in die Bank. Wir kletterten durch die herausgerissene Scheibe, Glassplitter fielen zu Boden. Ein Kollege mit einer Maschi-

nenpistole ging vor. Es folgten die üblichen An-
sagen: „Polizei! Wir kommen jetzt rein! Wenn
hier noch Angestellte sind, nehmen sie jetzt die
Hände hoch! Alle nehmen die Hände hoch und
bewegen sich nicht!".

In der Tat waren zwei Bankangestellte im Inneren der Filiale und befolgten die Anweisungen.

Wir kamen nicht weit, da mehrere Sicherheitstü-
ren verriegelt waren. Eine der Angestellten öffnete die erste der Türen, doch dahinter war niemand mehr. Die Bank schien leer, die Täter waren wohl nicht mehr im Objekt. Dennoch wurden die verbliebenen Türen gesichert, diese
konnten aufgrund einer Alarmschaltung nicht
geöffnet werden.

Als wir wieder außerhalb der Bank waren, kam
die nächsthöhere Einsatzleiterin zu uns, sie war
mittlerweile am Ort erschienen und hatte die
Führung übernommen. Sie kannte uns nicht und

war verwundert, wie wir zu diesem Einsatz gekommen sind, dankte uns aber für unser beherztes Einschreiten. Immer mehr Polizeibeamte erreichten den Ort und mittlerweile standen gut 40 Kollegen mit Maschinenpistolen um die Bank herum. Wir wurden herausgelöst und konnten zur nahegelegenen Apotheke fahren. Wir waren zufrieden, wir waren genau zur richtigen Zeit an der Bank vorbeigefahren. Wobei, wenige Augenblicke früher, und wir hätten womöglich noch einen der Täter stellen können.

Erst im Nachgang erfuhren wir, was genau passiert war, beziehungsweise wovon ausgegangen wurde. Mindestens drei bewaffnete Täter hatten mit ihrem Baustellenfahrzeug versucht, das Gitter und das Fenster aus der Bank zu reißen. Dieses gelang, doch zwei Sicherheitsmitarbeiter hatten es mitbekommen und stellten sich den Tätern in den Weg. Es kam zu einem Schusswechsel, bei dem einer der Sicherheitsleute angeschossen wurde. Die Täter flüchteten, sorgten aber zuvor mittels eines unbekannten Brandsatzes für ein Feuer, um ihre eigenen Spuren zu verwischen. Der Hinterhof führt über eine

Kleingartenanlage direkt zur Stadtautobahn, dort stiegen die Täter wohl in das Fahrzeug eines Komplizen.

Unklar war zunächst, ob die Täter Beute gemacht hatten, ich glaube, es ist ihnen nicht gelungen, ob des beherzten Einschreitens der Sicherheitsmitarbeiter.

Unser Wachleiter war wütend mit uns, wir hatten unseren zugewiesenen Bereich verlassen, ohne uns bei ihm abzumelden. Ich wäre mir komisch vorgekommen, jeden noch so kleinen Botengang mit ihm abzusprechen, doch in diesem absolut seltenen Fall wäre es das Richtige gewesen. Uns erwartete zwar keine disziplinarische Maßnahme, aber das unangenehme Gespräch hatten wir sicher. Trotz all seines verständlichen Ärgers war er irgendwie auch ein wenig stolz auf uns, wir handelten und ließen unsere Kollegen nicht allein.

Die Einsatzleiterin rief übrigens am kommenden Tag bei unserem Vorgesetzten an und bedankte sich für unsere professionelle Unterstützung und unseren Mut, aus eigenen Stücken am Einsatz teilgenommen zu haben. Für uns war das selbstverständlich und ich würde es immer wieder tun. Wozu wird man schließlich Polizist?

Fall 12: Ein bilanzierter Abschied

Der Einsatzanlass über Funk war eindeutig: „Leblose Person nach Suizidversuch durch Gas". Die Putzfrau einer Firma hatte einen Mann mit Plastiktüte über dem Kopf auf einem im Büro befindlichen Sofa liegend gefunden und gedacht, er schlafe. Dazu kein Kommentar meinerseits. Als eine alarmierte Mitarbeiterin dann zum Ort kam, sah sie die Person und sie erkannte, es handelte sich um einen Suizidversuch.

Wir fuhren zum Einsatzort und liefen in das vierte Obergeschoss. Bereits auf dem Weg dorthin schaltete ich mein Handy und mein Funkgerät aus, bei Einsätzen mit Gas muss man immer an die Möglichkeit einer Entzündung mittels Funken denken. Aus diesem Grund sind Mobiltelefone an Zapfsäulen von Tankstellen verboten, achten Sie beim nächsten Tanken mal darauf, an manchen Tankstellen steht ein entsprechender Hinweis. Im Treppenhaus zog ich mir einen Schal ins Gesicht, sollte tatsächlich Gas austreten, wollte ich nicht ohnmächtig werden.

Wir erreichten das Zimmer, in dem Steven auf der Couch lag. Er war leblos, seine Finger wiesen Leichenflecke auf. Die Luft war voll von Gasgeruch. Steven hatte eine Plastiktüte über dem Kopf, diese war festgeschnürt und darunter kam ein Schlauch zum Vorschein. Dieser Schlauch führte zu einer Gasflasche, auf der „Helium" stand. Nun könnte man meinen, wir sollten unmittelbar einschreiten, Helium ist nicht so gefährlich, dass wir nicht tätig werden könnten, doch wir konnten nicht ausschließen, dass ein anderes Gas verwendet wurde. Daher verließen wir umgehend das Büro und warteten auf die Experten der Feuerwehr.

Deren Einsatzleiter gab an, ein Radius von gut 400 Metern müsste abgesperrt und evakuiert werden, wenn es sich um explosive Gase handeln würde. Den Aufwand, den dieses bedeutet hätte, können Sie sich vorstellen. Zunächst musste aber eruiert werden, um welche Gase es sich handelte.

Wir warteten einige Minuten auf die Feuerwehr und der Fahrzeugverkehr wurde vorsorglich schon mal umgeleitet. Ich unterrichtete meinen Wachleiter über den Vorfall und er sagte, er wolle unbedingt auf dem Laufenden gehalten werden, was eine mögliche Evakuierung anbelangt. Dann erschienen endlich die Spezialkräfte der Feuerwehr.

Mit Atemschutz und Messgeräten betraten die Kollegen das Büro und konnten erst nach einigen Minuten Entwarnung geben. Es lag Kohlenstoffdioxid in der Luft vor, doch das war durch die eingetretene Verwesung zu erklären. Andere giftige Gase waren nicht messbar und so konnte die Feuerwehr wieder den Tatort verlassen.

Eine Räumung musste nicht erfolgen und wir alarmierten die Kripo zum Ort. Neben Steven lagen zwei Umschläge auf dem Boden. Auf einem stand „Für die Polizei" und „Patientenverfügung", der andere war an seinen Bruder adressiert und mit dem Zusatz „privat" gekennzeichnet. Wir öffneten den Brief, welcher an uns gerichtet war. Das Datum auf dem Schreiben war vom vorherigen Tag.

In diesem Brief entschuldigte Steven sich für den Einsatz, den er verursacht hatte. Es folgte eine dreiseitige Erklärung mit den Beweggründen, die zu seinem Suizid geführt hatten. Er gab an, dass er in seiner Firma nicht länger erwünscht sei. Die Geschäftsführung habe ihm mitgeteilt, er sei ein „komplizierter Mitarbeiter" und man wolle seine Anstellung in rund sechs Monaten terminieren. Ferner schilderte Steven, dass keine weiteren Übernahmen seiner noch jungen Kollegen erfolgen würden, dafür gebe es nicht genug Stellen.

Ich war schockiert, er schilderte, dass er zwar noch viele Dinge habe, auf die er sich gefreut hätte, doch die Umstände seines Arbeitsplatzes ließen ihm keine andere Wahl. Er wollte noch seine Verwandten besuchen, mit seiner kleinen

Band einige Auftritte geben und sein Lauben-
haus in der Gartenkolonie ausbauen. All dieses
reiche aber nicht, denn sein Beruf sei sein Le-
bensinhalt gewesen. Er war im Bereich der poli-
tischen Aufklärung und Prävention eingesetzt.
Leicht zynisch schrieb er, eine Stelle werde nun
frei, er mache Platz und hoffe, sein Ableben sei
nicht umsonst gewesen. An seine Kollegen rich-
tete er liebreizende Worte, er werde sie vermis-
sen. Er gab ferner an, er habe diese Gedanken
bereits seit Monaten, er schlafe schlecht und er
wolle, dass es endet.

Ich kannte Steven nicht, aber dieses dreiseitige
Dokument, dieser bilanzierte Abschiedsbrief
ließ mich glauben, er sei sehr gebildet und passi-
oniert gewesen. Den Brief für seinen Bruder haben wir selbstverständlich nicht geöffnet, er war
eindeutig nicht für unsere Augen bestimmt.

Die Kripo erreichte das Büro und es ging nun
darum, den Leichnam in Augenschein zu nehmen. Nachdem einige Bilder gemacht wurden,

wollte die Kollegin der Kripo den Toten zunächst vom Sofa auf den Boden heben, um eine Verschmutzung des Möbelstücks zu vermeiden. Dazu wurde Steven an Armen und Beinen gepackt und angehoben. Der Versuch scheiterte, da der Verwesungsprozess im Bereich des Bauches bereits zu fortgeschritten war. Körperflüssigkeiten aller Art liefen aus dem zersetzten Bauchraum und die Couch war besudelt.

Die Plastiktüte wurde aufgeschnitten und darunter kam ein mittlerweile schwarz gefärbter Kopf zum Vorschein. Es war ein heißer Sommertag, die Temperaturen unter dem Dach waren unerträglich und unter der Plastiktüte war der Verwesungsprozess beschleunigt worden.

Die Gerüche, die nun aufstiegen, waren um ein Vielfaches intensiver als zuvor. Glücklicherweise bin ich recht resistent gegen Gerüche und dem Kollegen der Kripo ging es ebenso. Für den Fall, dass Sie Beschreibungen von Toten lieber nicht lesen möchten, empfehle ich, den nächsten Absatz zu überspringen.

Sie lesen noch weiter? Dann sind Sie wohl auch hartgesotten.

Generell habe ich bisher noch keine Probleme beim Anblick von Leichen erlebt. Wenn ich „meine" Leichenfälle Revue passieren lasse, gibt es gravierende Unterschiede. Manche Personen starben im Altersheim ohne optische Veränderungen, sie waren sanft eingeschlafen. Ein anderer Mann lag an einem heißen Sommertag in seiner Wohnung und dem Geruch nach hatte er dort schon Tage oder gar Wochen gelegen. Als der Bereitschaftsarzt den Toten aus seiner Bauchlage umdrehen wollte und hierzu im Schulterbereich anfasste, „zerfloss" der gesamte Oberkörper, der Leichnam fiel mehr oder weniger auseinander. Der Oberkörper eines Fensterspringers war derart aufgeplatzt, dass er dem Fleisch in einer Metzgerei ähnelte, was ich bereits in meinem ersten Buch detaillierter beschrieben habe. Ein weiterer Toter war vor seinem Bett zusammengebrochen und auch ihn hatte tagelang niemand vermisst. Bei meinem Eintreffen erkannte ich, dass sein abgewandtes Gesicht von Maden befallen war. Bei der Inaugenscheinnahme durch den Arzt erkannten wir beide, dass beinahe das halbe Gesicht sowie beide Augäpfel durch die Maden verzehrt waren, wobei sich ihre Anzahl in die Hunderte steigerte.

Schlimmere Anblicke (Bahnsuizid, zerstückelte Leiche, totes Kind) sind mir glücklicherweise bisher erspart geblieben, ich weiß nicht, wie diese auf mich wirken würden, aber ich habe immer versucht, mich an solchen Herausforderungen zu versuchen. Ich hatte immer das Gefühl, durch solche Erfahrungen zu wachsen und konnte beim nächsten Fall immer vergleichen und abwägen.

Die Leichenschau von Steven dauerte noch einige Augenblicke an. Da ein Praktikant der Kripo mit am Tatort war, erklärte der Kollege ganz deutlich, warum der Fall nicht einfach als Suizid zu den Akten gelegt werden könnte, obwohl alles darauf hindeutete. Bei der Tatörtlichkeit hatte es sich um einen Bürokomplex gehandelt, mehrere Personen hätten sich jederzeit Zutritt verschaffen können. Einen Suizid kann ein Mörder auch vortäuschen, er kann sein Opfer mittels Gewalt in eine gewünschte Position zwingen. Natürlich schien es dieses Mal abwegig, aber mir gefiel, dass der Kollege alle Möglichkeiten in Betracht zog. Dieses Mal sollte es jedoch bei der Einschätzung Suizid bleiben.

Steven hatte beschlossen, sein Leben zu beenden. Durch das eingeleitete Helium wurde jeglicher Sauerstoff verdrängt, Steven war wahrscheinlich zunächst ohnmächtig geworden und dann erstickt. Ich fand es traurig. Ein Menschenleben hatte geendet und die Gründe dafür schienen mir nicht würdig, doch dieses war nicht meine Entscheidung, es war seine. Seine höchstpersönliche.

Fall 13: Nicht alles ist erlaubt

Es war ein hektischer Einsatz, der sich über Funk ankündigte. Nach dem Durchbrechen einer Standkontrolle in Neukölln war ein VW Golf in unserem Bereich flüchtig, er wurde von dutzenden Streifenwagen verfolgt. Noch bevor wir die Verfolgung aufnehmen konnten, erfolgte eine Meldung über Funk: „Fahrzeug an einer Kreuzung zum Stehen gebracht, Unfall mit drei Beteiligten, keine Verletzten.".

Wir fuhren also zur besagten Kreuzung und da es unser Abschnittsbereich war, war es auch gleichzeitig unser Einsatz, wir mussten die Führung übernehmen. Zuständigkeitshalber war der Fall jetzt schon ein Alptraum. Neuköllner Standkontrolle, Flucht durch einen weiteren Abschnittsbereich, Unfall in unserem Bereich und Unterstützungskräfte aus allen möglichen anderen Abschnitten. Bevor ich mich als Einsatzleiter zur Verfügung stellen konnte, brauchte ich Hintergrundinformationen. Ich sprach mit einem

Kollegen aus Neukölln und dieser schilderte mir, was vorgefallen war.

Es war eine ruhige Nacht und um 01:00 Uhr laserten die Kollegen im Bereich Neukölln an einer Stelle, an der aufgrund der Nachtzeit eine Geschwindigkeitsbegrenzung galt. Zunächst wurde ein gelber Maserati ins Visier genommen. Man maß eine Geschwindigkeit von 95 km/h, wo nur 30 km/h erlaubt waren. Ein Kollege in Weitwarnweste betrat die Fahrbahn und hielt die rote Anhaltekelle nach vorn. Der Maserati erkannte das wohl auch, beschleunigte aber nun und raste auf den Kollegen zu. Dieser konnte sich nur noch mittels Hechtsprungs retten, hierbei wurde der Anhaltestab derart beschädigt, dass er nicht weiterverwendet werden konnte. Der Maserati konnte flüchten.

Meine Kollegen beschlossen nun, einen Streifenwagen zu besetzen, der in einem solchen Fall die Verfolgung aufnehmen könnte und setzten ihre Kontrolle fort. Ein neuer Anhaltestab wurde von einem anderen Funkwagen zum Ort gebracht und die Geschwindigkeitsmessungen gingen weiter. Ein VW Golf fuhr mit 90 km/h an derselben Stelle und so betrat mein Kollege erneut die Fahrbahn. Auch der VW beschleunigte nun stark und hielt ebenfalls direkt auf den Kollegen zu. Dieser wich erneut aus, dieses Mal schlug die Kelle aber in der Frontscheibe des PKW ein. Mein Kollege zog sich glücklicherweise nur leichte Schürfwunden zu und war verständlicherweise geschockt. Das Fahrzeug wurde direkt verfolgt und dieses Mal sollte es gestellt werden.

Da standen wir nun, ein VW Golf, der in ein geparktes Auto gefahren war und dessen Frontscheibe eine deutliche Beschädigung durch den Anhaltestab aufwies, ein Streifenwagen mit Blaulicht, der den VW abgedrängt hatte und die Hälfte der Berliner Polizei, die den Vorfall mitbekommen hatte.

Der Fahrer des VW war kein Unbekannter. Er war Angehöriger einer arabischen Großfamilie und wir befragten ihn, was vorgefallen war. Selbstverständlich belehrten wir ihn, er müsse nichts sagen. Noch bevor er eine Aussage tätigte, fiel mir auf, dass er rund 300 Meter vor dem Krankenhaus in unserem Bereich gestoppt wurde und da erinnerte ich mich, dass eine Angehörige der Großfamilie kurz zuvor ins Krankenhaus verbracht worden war, sie lag im Sterben. Ich konnte mir plötzlich denken, warum der Fahrer des VW so gefahren war. Mir dämmerte, dass wohl auch der Fahrer des Maserati das gleiche Ziel hatte. Ich selbst hatte in der Vergangenheit den Weg zum Krankenhaus zurücklegen müssen, um einen im Sterben liegenden Familienangehörigen ein letztes Mal lebend zu sehen.

Mein Vater lag im Sterben. Ich hatte ihn so oft ich konnte auf der Intensivstation besucht, immer nachmittags. Dienstagabend hatte ich mich wie jeden Abend verabschiedet und gesagt „bis morgen". Am Mittwoch in der Früh rief der Stationsarzt an, der Zustand meines Vaters verschlechtere sich. Falls wir ihn lebend sehen wollten, mögen wir bitte sofort zum Krankenhaus kommen. Ich war aufgelöst, durch meine

Erfahrungen von der Arbeit fühlte ich mich je-
doch sicher genug, ein Fahrzeug auch unter
solch emotionalem Einfluss führen zu können.
Ich fuhr los, sammelte meine Mutter und meinen
Bruder auf dem Weg ein und wir machten uns
auf in Richtung Krankenhaus.

Ich fuhr mit 60 km/h, obwohl die erlaubte
Höchstgeschwindigkeit bei 50 km/h lag, dennoch
war ich bei Weitem nicht der schnellste Ver-
kehrsteilnehmer. Ich wusste aber, wenn ich jetzt
rase, gefährde ich meine Mutter, meinen Bruder,
mich und die Chance, meinen Vater ein letztes
Mal lebend zu sehen. Bei einem Einsatz auf Ar-
beit mit Horn und Blaulicht wäre ich bestimmt
mit rund 80 km/h gefahren, doch in meinem pri-
vaten PKW ging es nicht anders. Wir erreichten
die Intensivstation und die Schwestern und der
Arzt standen in einem Kreis. In seiner Hand
hielt der Arzt eine Kerze und ich verstand die
Symbolik. Mein Vater war bereits von uns ge-
gangen und selbst wenn ich 100 km/h schnell ge-
fahren wäre, es hätte nicht gereicht.

Der Fahrer des VW gab an, er habe sich beeilen wollen. Seine Großmutter lag im Sterben, da sei „alles erlaubt". Der Fakt, dass er mit seiner Fahrweise beinahe einen Polizeibeamten überfahren hätte, störte ihn merklich wenig. Erst als ich argumentierte, er habe auch seine Insassen, weitere Familienmitglieder, gefährdet, dämmerte es ihm allmählich. Zudem erkannte er erst jetzt, dass die Aufnahme dieses Unfalles Stunden andauern würde und er im Anschluss vermutlich in Haft genommen werde. Er würde seine Großmutter nicht mehr sehen und er selbst hatte dafür gesorgt.

Zwischenzeitlich war das Familienoberhaupt am Unfallort eingetroffen. In Begleitschutz mehrerer seiner Neffen fragte er lediglich, welcher seiner Söhne den Unfall verursacht hatte und ob jemand verletzt sei. Im Anschluss ging er in aller Ruhe zurück zum Krankenhaus und die Aufnahme konnte fortgesetzt werden. Der Führerschein und der VW wurden beschlagnahmt, die Ermittlungen liefen in Richtung eines versuchten Tötungsdelikts. Auch die Presse hatte zwischenzeitlich mitbekommen, was vorgefallen

war und so versammelten sich diverse Presse-
vertreter am Ort.

Der Fahrer des Maserati konnte im Anschluss
ermittelt werden. Gegen ihn wurde ein Haftbefehl erlassen, auch er wurde festgenommen und
auch ihm wird der Prozess gemacht.

Fall 14: Der eiskalte Täter

Wir waren mal wieder in Kreuzberg unterwegs, als wir über Funk von einer häuslichen Gewalt auf offener Straße hörten. Die Tat fand im benachbarten Bereich statt, doch wir waren in der Nähe und so meldeten wir uns für den Auftrag an und trafen tatsächlich als erste Streife ein. Das zweite Team, was die Örtlichkeit erreichte, war ein weiterer Wagen unseres Bereiches, somit waren wir ein eingespieltes Team.

Auf der Straße vor einem italienischen Restaurant stand Julia, eine 35-jährige Frau, die weinte. Ihr Gesicht war gerötet und sie sah verängstigt aus. Wir wollten wissen, was passiert war, da zeigte sie in Richtung der Terrasse des Restaurants und rief: „Da! Das ist er!".

Hussein war 40 Jahre alt und trug eine dunkle Lederjacke. Als er uns wahrnahm, rannte er plötzlich in das Restaurant. Wir wussten, wir mussten ihn verfolgen, die Schilderungen, was genau geschehen war, konnten warten.

Zu dritt stürmten wir in das Restaurant und der Inhaber und die Kellner sahen uns fragend an. Sie mussten Hussein gesehen haben, da war ich mir sicher. Womöglich kannten sie ihn und wollten ihn schützen. Von ihnen sollten wir jedenfalls keine Information erhalten. Letztlich sah ich zu einigen Gästen am Tisch und mehrere gestikulierten in Richtung des langen Flurs. Wir eilten hinterher und ich rüttelte an jeder Tür, die auf unserem Weg lag. Die meisten waren zugeschlossen, eine Abstellkammer war augenscheinlich menschenleer und die letzte Tür, die nach draußen führte, war von innen mit einem Vorhängeschloss gesichert.

Hussein war wie vom Erdboden verschluckt. Ich begann an uns zu zweifeln, was hatten wir übersehen? Waren die Hinweise der Gäste am Ende doch unzuverlässig? Es waren junge Touristen, es gäbe keinen Grund dafür, dass sie uns angelogen hätten. Plötzlich schloss jemand eine der Türen von innen auf. Mit meiner Hand an der

Waffe wartete ich gespannt, doch es war nur eine Mitarbeiterin. Sie verließ den Raum und schloss unmittelbar hinter sich die Tür wieder zu. Irgendetwas war faul. Wieso war sie in einem verschlossenen Raum und schloss diesen auch unmittelbar nach Verlassen wieder?

Ich ordnete an, sie solle die Tür öffnen und fragte, ob sich jemand in dem Raum dahinter befinde. Sie verneinte und schloss auf. Wir betraten das Zimmer und fanden einen menschenleeren Raum ohne Fenster vor, lediglich eine Stahlwand war in der restlichen Wand verbaut. Auch hier konnte Hussein nicht entkommen sein. Ich schaute unter dem Tisch, in die Ecken und war ernüchtert. Dann erst sah ich, dass es sich bei der Stahlwand um eine Tür handelte, die Tür der Kühlkammer. Mit gezogener Waffe standen meine Kollegen und ich vor der Kammer und ich betätigte den schweren Hebel. Die Tür ging auf und unmittelbar dahinter stand Hussein mit Schweißperlen im Gesicht. Ich schrie ihn an: „Raus da! Sofort! Und Hände hoch!".

Hussein wusste, das Versteckspiel hatte ein Ende und er ergab sich umgehend. Ich befragte ihn, doch er gestand nur, dass es Streit mit Julia gegeben hatte. Eine Straftat habe er nicht begangen, er sei nur davongerannt, weil er Angst bekommen hätte. Dieses unsinnige Argument habe ich zu oft gehört, als dass ich es ernst nehmen könnte. Niemand muss vor der Polizei wegrennen, dadurch machen sich Leute eher verdächtig.

Mittlerweile waren weitere Kräfte am Ort erschienen und hatten die Befragung von Julia abgeschlossen. Wir erfuhren, dass Hussein sie zunächst gewürgt hatte. Nachdem sie sich daraus lösen konnte, schlug er ihr mit der flachen Hand ins Gesicht und spuckte sie an. Was Gewalt gegenüber Frauen anbelangt, habe ich mein eigenes kleines Päckchen zu tragen.

Obwohl ich erst 3 Jahre alt war, verstand ich, was es hieß, als meine Mutter sagte, mein leiblicher Vater dürfe uns nur noch am Wochenende sehen. Den Grund dafür erfuhr ich erst einige Zeit später. Mein leiblicher Vater hatte in aller

Regelmäßigkeit Cannabis und Alkohol konsumiert, eine Kombination, die sich selten positiv auswirkt.

Eines Tages, er und meine Mutter hatten Streit, war er so in Rage, dass er ausholte und ihr einen Faustschlag versetzte. Meine Mutter stürzte und zog sich eine blutende Wunde am Kinn zu. Das war der Tag, an dem sie beschloss, die Beziehung zu beenden. Und seit diesem Tag weiß ich, welche Konsequenzen häusliche Gewalt mit sich bringt. Meine Beziehung zu meinem leiblichen Vater wurde nie wieder dieselbe und ich verachte seither jeden Mann, der seine Hand gegenüber einer Frau erhebt.

Um eine weitere Auseinandersetzung zu vermeiden, ließen wir Julia gehen, denn um Hussein einzusperren, reichte die Strafandrohung der Tat nicht aus, er blieb ein freier Mann.

Über die Jahre habe ich mitbekommen, wieviel Unmut über die vermeintlich „laschen" Strafen in Deutschland entstehen kann. Wenn ein Täter festgenommen wird und wieder freigelassen wird, bevor der Schreibkram erledigt ist, kann das frustrierend sein. Ich selbst habe auch oft gedacht, es wäre besser, die bösen Jungs blieben weggesperrt. Andererseits weiß ich auch, dass Gefängnisaufenthalte den Gefangenen eher noch eine Plattform zum Erfahrungsaustausch bieten. Nachher kommt der Dieb frei und hat im Knast seine Fähigkeiten erweitert und hat das Betrügen gelernt. Zudem kosten diese Aufenthalte den Steuerzahler immer ein kleines Vermögen und so glaube ich, gibt es noch immer nicht die optimale Lösung, um straffällige Menschen zur Verantwortung zu ziehen. Für Hussein war es dieses Mal ohne eine Haft ausgegangen.

Im Nachgang fragte mich meine Kollegin noch, ob ich mich erschrocken hätte, als ich die Kühlkammer öffnete und unser Täter dahinterstand.

Ich schaute sie ungläubig an. „Bin ich eine Maschine? Natürlich habe ich mich erschrocken!

Steht da auf einmal der Typ schweißgebadet direkt vor mir.". So eiskalt, dass ich nicht kurz gezuckt hätte, bin ich dann doch nicht.

All diese Einsätze haben mich geprägt. Ich bin einer von tausenden Polizeibeamten. Sicherlich arbeiten nicht alle in Bereichen, in denen solche Ereignisse häufig sind, aber die schiere Anzahl an Erlebnissen ist riesig. Nicht alle Kollegen erzählen von ihren Einsätzen, nicht alle wollen ihre Emotionen teilen. Was ich damit sagen möchte ist, dass das vorliegende Buch nur ein Bruchteil der Einsätze abbildet, die Polizeibeamte erleben. Nur ein Bruchteil der Emotionen kommt zum Vorschein.

Wenn ich an meine Einsätze zurückdenke, verspüre ich einen gewissen Stolz, ich bin zufrieden mit meiner Arbeit.

Dennoch habe auch ich manches Mal Albträume oder schlafe schlecht. Wenn ein Säugling in meiner Gegenwart hustet, reagiere ich panischer als andere, weil ich ein Kind beinahe sterben sah. Baugerüste sorgen bei mir nicht gerade für positive Erinnerungen, weil ich fast von einem heruntergestoßen wurde. In mir sind diese Erfahrungen vereint, sie formen meinen Charakter

und werden mich wohl auch den Rest meines
Lebens beeinflussen.

Ich bin Polizist und ich bin es mit ganzem Her-
zen. Es ist ein toller Beruf, man lernt fürs Leben
und jeder Einzelne kann einen Unterschied machen. Ich werde weiter lernen, ich werde weiter
erleben und ich bin mir sicher: Kommt Zeit,
kommen Erlebnisse.